MEDITAÇÃO

um estudo prático

ADELAIDE GARDNER

MEDITAÇÃO

um estudo prático

Tradução
Pedro R.M. de Oliveira

EDITORA TEOSÓFICA
Brasília-DF

Título do original em Inglês
MEDITATION, A PRACTICAL STUDY

Título em Português
MEDITAÇÃO, UM ESTUDO PRÁTICO

Edição em Inglês, 1968
Quest Book, Theosophical Publishing House
Wheaton, Ill. U.S.A.

Edição em Português
1ª Edição, 1991.
2ª Edição, 1995.
Editora Teosófica S/C

EDITORA TEOSÓFICA, Sociedade Civil
SGAS — Quadra-603 — Módulo-20
70 200 — Brasília, Brasil
Tel.: (061) 322-7843
Fax: (061) 226-3703

Capa
Fernando Lopes
Editoração/Diagramação
João Batista Martins da Silva
Equipe de Revisão
Zeneida Cereja da Silva e
Cecília S. F. Reis

AGRADECIMENTOS

Este livro foi escrito para o Comitê de Estudo e Treinamento da Sociedade Teosófica na Inglaterra. Reconheço de forma muito ampla e grata o total auxílio prestado pelos membros do Comitê. A Sra. Josephine Ranson e a Srta. Corona Trew, Ph.D., generosamente permitiram que as formas de meditação que cada uma desenvolveu fossem incluídas nos exercícios adicionais. A Srta. Grace Raikes prestou valorosa assistência na revisão.

Adelaide Gardner

... Se é para que *manas* realize sua tarefa peculiar de controlar os sentidos, ele próprio deve refletir o padrão ideal que está estabelecido nos céus de *buddhi*. Somente quando esse padrão é refletido em seu espelho é que ele tem o modelo de referência a partir do qual pode julgar... tampouco devemos pensar que a posse de tal modelo divino, pelo qual se julga uma realização, está muito acima de nós, algo a que podemos aspirar em algum futuro incerto. Aqui e agora o padrão está dentro de nós.

Sri Krishna Prem

O Supremo não está realmente oculto de nós, pois ele não pode ocultar-se de Si mesmo, e pensar que Ele possa ocultar-se de nós, que somos Ele mesmo, é o mais sutil de todos os *mayas*, é ilusão. Ele é nosso Eu mais íntimo e o próprio coração de nosso ser.

Annie Besant

PREFÁCIO À EDIÇÃO BRASILEIRA

Nos últimos vinte anos, aproximadamente, constatou-se um crescente interesse por assuntos ligados à espiritualidade. Por intermédio de jornais, revistas, programas de televisão, seminários e encontros assistimos a uma verdadeira explosão de interesse por temas ligados direta ou indiretamente à vida do espírito.

Entre esses temas a meditação ocupa um lugar central. Não basta apenas a familiarização com conceitos e idéias que nos transmitem uma visão mais abrangente da vida. É necessário conhecer as implicações práticas dessas idéias, de forma a tornar possíveis, no terreno de nossa experiência diária, as transformaçoes fundamentais de que falam os diversos autores das tradições espirituais.

A questão torna-se ainda mais difícil na medida em que para muitas pessoas a meditação está associada à "obtenção" de poderes e faculdades extraordinárias, fazendo com que sua prática se torne repleta de sérios riscos à saúde e à integridade psíquica.

O livro que agora se publica é único sob vários aspectos. Ele apresenta o assunto da meditação dentro de uma clara e fidedigna perspectiva histórica, mostrando-a como parte integrante das diferentes tradições espirituais do mundo, tanto orientais como ocidentais. Define, de forma objetiva, o real propósito da prática meditativa, que longe de ser um convite à "aventuras psíquicas", consiste num efetivo processo de autoconhecimento e autotransformação, levando-nos a contactar com dimensões mais profundas de nós mesmos, ampliando assim nossa visão de compreensão da existência e de seus inúmeros relacionamentos.

Além disso, a obra traz sugestões seguras de práticas meditativas tanto individuais quanto grupais, abrindo caminho para um frutífero aprendizado daqueles valores que pertencem ao Espírito.

Este livro, portanto, é recomendado a todos aqueles que buscam uma orientação séria sobre a questão da meditação, que reconhecem ser sua prática algo profundamente relevante para o viver diário, trazendo para nossa experiência a influência benéfica e harmonizadora de nosso verdadeiro Eu, cuja natureza é Verdade, Sabedoria e Bem-aventurança.

No presente texto, optou-se por traduzir a palavra inglesa *Self* por "Eu", a qual não denota uma consciência individual pessoal, egocêntrica, mas sim a consciência em seu estado puro, ilimitado e incondicionado. No livro *Em Busca da Sabedoria*, (Editora Teosófica), N. Sri Ram comenta a esse respeito: "A palavra "Eu" é usada como uma tradução da palavra sânscrita *Ātman*, não no sentido que implica uma antítese, ou seja, o outro, mas conotando uma identidade com aquilo que é, e não com o que é passado". O "eu", no sentido comum de um "eu" separado, surge de uma identidade com seu passado específico, que é diferente daquele de outros "eus". A natureza do "Eu uno" é aquela da "Vida una" em seu estado incondicionado, expressando-se assim em suas diversas manifestações. A expressão "Eu superior" denota aquela consciência permanente por detrás das oscilações da personalidade transitória. Na literatura teosófica ela é referida como a individualidade, a mente em seu aspecto superior, reflexivo, distinta da mente condicionada pelos desejos, memórias e pensamentos que constituem o "eu" pessoal.

A EDITORA

SUMÁRIO

VISÃO GERAL HISTÓRICA

Teoricamente, a prática da meditação tem como propósito afastar a mente pessoal de sua persistente preocupação com os afazeres mundanos e treiná-la para ocupar-se com assuntos que levam à compreensão das realidades espirituais. Ao examinarmos esta simples afirmação vemos que ela pressupõe a existência de vários níveis de pensamento humano, como também a habilidade do homem de escolher o nível ao qual dirigirá sua atenção. Portanto, antes de podermos compreender a técnica da meditação, faz-se necessário empreender algum estudo sobre a natureza e as capacidades do homem. O fato é que, desde as épocas remotas, a instrução sobre a meditação era precedida e acompanhada pelo estudo da ciência atualmente denominada psicologia.

Poucas pessoas percebem a antiguidade desses estudos interligados. A rápida visão geral que se segue de certos aspectos do pensamento indiano e do pensamento europeu primitivo destina-se a prover o estudante com uma nova perspectiva, a partir da qual o estudo especial que faremos a seguir poderá ser mais claramente examinado. A visão geral é obviamente seletiva, traçando a história de apenas uma linha de ensinamentos psicológicos e a utilização de um determinado grupo de práticas.

As similaridades de experiência que unem os místicos de todos os períodos e religiões foram observadas e comentadas por grandes eruditos, e os estudantes podem se remeter às suas obras para detalhes desta evidência[1]. Aqui somente tentamos esboçar a continuidade da tradição indo-européia, desde as primitivas épocas indianas até os nossos dias, em relação aos variados níveis nos quais a consciência humana se exprime e também com relação a certas práticas tradicionais, por meio das quais os aspectos mais espirituais da natureza humana podem ser despertados. Entre essas últimas, a meditação, em suas várias formas, ocupa uma posição central.

É geralmente tido como certo que o pensamento filosófico indiano atravessou seu primeiro período formativo na época das primeiras migrações arianas para a Índia. Esta data é apresentada de forma variada pelos historiadores modernos, a partir de 6000 a.C.; estudiosos da tradição oculta situam-na ainda mais remotamente. Durante as migrações, surgiram certos hinos antigos, presumivelmente cantados como *mantras* ou canções de efeito mágico. Mais tarde, tais hinos foram comentados pela casta sacerdotal e, ainda mais posteriormente, seus ensinamentos mais profundos foram interpretados pelos filósofos daquele período. A última fase deu origem à série de escritos sagrados conhecidos como *Os Upanishads,* que são, ainda hoje, o cerne da filosofia indiana. Todas as composições naqueles dias eram cantadas e transmitidas oralmente do instrutor ao discípulo. Desta maneira elas passaram à literatura sânscrita escrita, que é o maior tesouro da Índia[2].

---

1 *Varieties of Religions Experience,* de William James; *Studies in the Psychology of the Mystics,* de Joseph Maréchal. (N.A.)

2 *Indian Philosophy*, de S. Radhakrishnan: Vol. I, Introdução - V. (N.A.)

Em *Os Upanishads* podem ser encontrados os ensinamentos essenciais sobre meditação que têm sido usados em todas as idades por muitos povos indo-europeus. No *Taittiriya Upanishad*, considerado um dos mais antigos, consta o seguinte trecho:

"Aquilo que é o espaço brilhante dentro do coração; ali este homem reside, inato com a mente, transcendendo a morte, com esplendor inato".

Segue-se um verso obscuro que atualmente pode ser interpretado como sugerindo que o corpo pituitário é "o caminho do nascimento de Indra" ou o ponto de junção entre o homem interior e sua consciência física, e então:

"Auto-realeza ele atinge, domínio da mente ele conquista, senhor da fala, senhor da visão, senhor da audição, senhor da compreensão.

Então ele se torna *Brahman*, que tem o espaço como seu corpo e cuja natureza é a verdade, a fonte de prazer da vida, em quem a mente encontra Bem-aventurança, repleta de paz, transcendendo a morte. Assim, adora-o então, ó tu que para a antiga arte te tornaste pronto"[3].

Parece possível concluir que a arte da autodisciplina era já bem desenvolvida e antiga quando a raça ariana alcançou a Índia.

A mente hindu aprecia a consideração de material abstrato, e o período que se segue às migrações foi um no qual a especulação filosófica parece ter florescido. O cânone hindu de instrução para a busca da iluminação, como ainda é chamado, es-

---

3 *Taittiriya Upanishad:* 6; Trad. Mead e Chattopadhyaya. (N.A.)

tava bem desenvolvido em torno de 800 a.C.[4], a época aproximada em que viveu o Buda. O cânone foi, na realidade, demasiadamente analisado, muito pouco vivenciado, e foi substituído por um sistema de práticas ascéticas que obscurecia, em vez de revelar, o propósito da meditação. O Príncipe Buscador procurou instrução nas "universidades florestais" dos ascetas, mas seguiu adiante em seu caminho, encontrando o que ele buscava não na rotina e nas austeridades, mas numa visão iluminada da natureza humana. Assim, foi levado a ver que a raiz do sofrimento é a ignorância humana, especialmente a falta de consciência do propósito da encarnação humana na forma física.

Para superar essa condição de ignorância profundamente arraigada concebeu uma fórmula intitulada a Nobre Senda Óctupla, cujos passos são, de certa forma, progressivos, embora no fim todos sejam necessários para alcançar a iluminação. Os dois primeiros tratam do reto conhecimento; os três seguintes, da reta ação; e os três finais — reto esforço, reta concentração e reta meditação — podem ser resumidos como o reto desenvolvimento da mente. "Parece claro, portanto, que a meditação, usando o termo para resumir os três últimos estágios no Caminho, não é meramente uma parte integrante do Budismo, mas o próprio clímax de suas outras doutrinas, leis e práticas[5]".

Os métodos budistas de meditação têm o propósito de superar aquela ignorância primeva relativa ao propósito da existência que, segundo o Buda, é a causa da ação errônea, conse-

---

4 Segundo Subba Row e A.P. Sinnett, a partir de fontes tibetanas, Buda nasceu entre 641 e 643 a.C. (N.E.)

5 *Concentration and Meditation*, Buddhist Society, Londres: Introdução. (N.A.)

qüente sofrimento e repetidos renascimentos. A felicidade, a superação de toda a dor, é possível. A Senda Óctupla é o Caminho. A meditação, como o ensinamento final da Senda, foi elaborada pelos irmãos budistas e seus instrutores como uma experiência estimulante e penetrante. Sua formulação foi indubitavelmente influenciada por vários reformadores hindus, mas permanece impregnada e irradiada com a tolerância e beneficência gentil do modo de vida budista[6].

Passamos, agora, rapidamente, à clássica visão hindu do homem e da prática da meditação como apresentadas pelos grandes instrutores Patañjali e Shankaracharya. Esses ensinamentos hindus serão dados com mais detalhes por várias razões: estão plenamente documentados na literatura prontamente disponível; podem ser provocativamente comparados com certas idéias gregas e com idéias teosóficas modernas; lançam, ademais, grande luz sobre algumas das teorias psicológicas modernas.

Um dos mais estudados discursos sobre o tema da meditação é atribuído ao sábio hindu conhecido como Patañjali. Muito pouco se conhece sobre ele além de seu nome. Manifestamente, foi ele quem codificou as idéias correntes sobre meditação nas escolas hindus, baseando-se na filosofia *sānkhya*. Esta codificaçao, em verso, podia ser memorizada e foi transmitida intacta até que tomou a forma escrita. Sob o título de *Yoga Sūtras* de Patañjali está traduzido atualmente em muitos idiomas.

Deixando à parte a questão da época de Patañjali e da filosofia por trás de seus ensinamentos, vamos nos debruçar sobre sua visão da psicologia humana. Essa visão, em sua maior

6 *Buddhist Meditation*, de G. Constant Lounsbery. (N.A.)

parte, prescinde de dogma religioso. Os métodos sugeridos podem ser usados por um crente ou por um agnóstico, contanto que o último tenha um verdadeiro espírito científico e esteja determinado a descobrir a natureza de sua própria mente e do que jaz além dela[7].

Patañjali descreve a natureza do pensamento e a origem e estrutura da mente pessoal da seguinte forma: o Homem é, em essência, puro espírito *(puruṣa)*; o homem essencial existe tanto além como dentro da mente. A associação de espíritos humanos individuais *(puruṣas)* com a forma de energia chamada pensamento *(manas)* leva à consciência da experiência individual — sensações, sentimentos, reproduções interiores do ambiente, percebidas individualmente — e assim à formação das mentes pessoais. A mente pessoal é normalmente apenas uma série de respostas e idéias automáticas que ligam um homem, com mais ou menos êxito, ao seu ambiente. A pura consciência humana *(puruṣa)* jaz dentro e além do conjunto pessoal de automatismos *(vasanas)* e é responsável por eles, mas não é usualmente capaz de tornar o cérebro de vigília cônscio de sua existência, pois os automatismos, carregados pesadamente com sentimento *(kāma)*, são muito dominantes no campo da vida pessoal. Assim, enquanto os automatismos permanecem incontestados, o homem espiritual é por eles isolado da consciência de vigília. Resulta que a natureza pessoal é infeliz, gastando-se a vida diária em incidentes confusos e pouco compreendidos, isolada do Eu interno que percebe: *puruṣa* sempiterno, o vidente. É a ignorância da verdadeira

---

7 *Yoga Sūtras*, de Patañjali. A tradução de Dvivedi, publicada pela Theosophical Publishing House, Madras, Índia, é precisa. *Yoga and Western Psycology*, de G. Coster é talvez mais inteligível para leitores ocidentais. Ver também *A Ciência do Yoga*, de I. K. Taimni. Ed. Teosófica, Brasília. (N.A.)

natureza e existência do Eu que leva a uma conduta resultante em dor, dor que, felizmente, no fim, leva o homem a buscar a explicação de seus sofrimentos e, assim, da própria vida. Se e quando os automatismos puderem ser serenados e o Eu descoberto por trás do comportamento conflitante da mente e dos sentimentos, só então os relacionamentos fundamentais poderão ser compreendidos, tornando possíveis a iluminação e a felicidade.

Nas estâncias epigramáticas do verso tradicional, o sábio prossegue contando como os automatismos podem ser superados, mesmo quando profundamente estabelecidos. Ele descreve os passos que o ser humano necessita dar a fim de restaurar a claridade e a lucidez na mente pessoal e prepará-la para o uso do vidente como um instrumento de cognição. O Livro III descreve a natureza dos diferentes tipos de pensar que podem ser experimentados quando o controle do corpo físico, e depois das emoções, permite a clarificação do instrumento pensante.

Existem, basicamente, quatro níveis ou tipos de conhecimento: dois pessoais, nos quais não se pode confiar, e dois de uma ordem mais sutil. Além desses últimos está a pura consciência, sem ideação. O conhecimento começa com a observação crítica da sensação e prossegue para a observação da experiência psicológica, estimulada tanto objetiva quanto subjetivamente. Ambas as formas de pensar são de valor inferior e se lhes dermos exagerada atenção elas poderão obstruir a claridade do pensamento. O conhecimento das leis fundamentais da natureza, aliado à capacidade de generalizar corretamente e de tratar com princípios abstratos, provê uma base a partir da qual se pode chegar a uma clara percepção da verdade que, uma vez devidamente desenvolvida, levará ao percebimento direto do Eu e da natureza do Universo.

Finalmente, com perseverança e estrita fidelidade à busca impessoal da realidade, o vidente pode atingir a libertação de sua consciência da associação com a forma corpórea e pode se reconhecer existindo numa essência sutil ou até mesmo como puro Ser. Na conclusão do Livro IV é assinalado que quem compreender a natureza de *puruṣa*, que é tanto o Eu como a Essência interior única da qual cada Eu é apenas uma expressão parcial no tempo e no espaço, cessará de ansiar por distrações que turvam a mente. "Então o conhecível torna-se pequeno" — pois a Raiz de tudo é conhecida.

A obra de Shri Shankaracharya goza de reputação ainda maior do que a de Patañjali, entre os estudantes hindus. Provavelmente o mais renomado expoente da filosofia Vedanta[8], Shankaracharya deixou, entre suas muitas obras, valiosos ensinamentos sobre a natureza da mente e sobre os métodos de alcançar a iluminação. De especial utilidade para o nosso estudo é sua análise do homem como entidade quíntupla, podendo-se facilmente associar os elementos com os níveis da experiência consciente designados por Patañjali.

Existem um envoltório físico e um envoltório vital: o corpo físico e sua contraparte vital, que transmite os estímulos sensórios. O terceiro elemento é o envoltório sutil, muito complicado mas correspondendo, aproximadamente, ao instinto, à emoção e à inteligência comum. Existe, ainda, uma consciência inteligente mais sutil, o envoltório do discernimento, algumas vezes

8 *Indian Philosophy*: Vol. II, Cap. VIII, Seções XIV e XXXV; *Viveka-Chudamani, A Jóia Suprema da Sabedoria,* de Shankaracharya, Ed. Teosófica, Brasília. *Atmānātmā Viveka*, de Shankaracharya, trad. Chatterji, em *Compendium of Rāja Yoga Philosophy,* editado por Tookaram; *O Homem e seus Corpos,* de Annie Besant, Ed. Pensamento, São Paulo; *The Pinnacle of Indian Thought*, de Ernest Wood, Edição Quest. (N.A.)

chamado envoltório causal, porque ele armazena a essência da experiência. Há, finalmente, o envoltório de bem-aventurança, o último revestimento do Eu. Esta análise é clássica, isto é, pode ser encontrada em *Os Upanishads*; também pode ser comparada com os ensinamentos da Escola Budista do Norte[9] e reaparece quase intacta nos ensinamentos de Platão e na Teosofia moderna. (Veja Capítulo II).

Como as obras de Shankaracharya estão impregnadas da doutrina oriental da necessidade do indivíduo de libertar-se das limitações humanas e assim atingir a libertação, não é fácil para o psicólogo ocidental apreciá-las em seu valor básico. Mas em nenhum momento sua análise da natureza humana foi ultrapassada, e sua influência é perceptível nos séculos subseqüentes.

A interação do pensamento indiano com a primitiva cultura européia não foi reconhecida até anos muito recentes. O período criativo grego e o surgimento da filosofia grega têm sido, no geral, vistos como fenômenos isolados e estritamente europeus, mas é atualmente reconhecido que isso está longe da verdade. Segundo o professor Radhakrishnan, Aurobindo Ghose apoiava a idéia de uma fonte comum de ensinamento para as mais primitivas Escrituras indianas e para a linha de pensamento religioso que mais tarde se desenvolveu nos cultos de mistérios Órficos e Eleusinos da Grécia e da Ásia Menor[10]. O próprio professor Radhakrishnan é conservador tanto em sua estimativa de datas quanto em suas suposições e deduções, mas Madame Blavatsky apóia a idéia de uma origem oriental para os ensinamentos de Platão[11].

---

9 *A Doutrina Secreta,* de H.P. Blavatsky: Vol. I, Ed. Pensamento, São Paulo. (N.A.)

10 *Indian Philosophy*, Vol. I, edição 1929. (N.A.)

11 *A Doutrina Secreta:* Volumes I, II, IV e V, Ed. Pensamento, São Paulo (N.A.)

Aqueles que estão bem familiarizados com esses assuntos salientarão que muitos eruditos fixam as épocas de Patañjali e Shankaracharya em 600 d.C. ou mais tarde, e que falar acerca de sua influência sobre Platão ou sobre a primitiva doutrina cristã seria, portanto, um enorme anacronismo. Outros eruditos, contudo, indicam datas muito anteriores. Os estudiosos também sabem que era fato comum, na Índia, vários instrutores sucessivos manterem o mesmo nome. Tudo o que sabemos sobre os presentes *sūtras* é que alguém chamado Patañjali esteve provavelmente envolvido com sua codificação final em torno da época mencionada. É certo que o material é muito mais antigo, pois ele existe nos mais primitivos *Upanishads* e afetou as práticas budistas.

Madame Blavatsky, em *A Doutrina Secreta*, freqüentemente afirma que os ensinamentos internos do Egito, embora derivados originalmente do longínquo Ocidente e, portanto, da civilização dos povos atlantes, há muito esquecida[12], foram nutridos e freqüentemente reformados mediante repetido contato com a cultura e a doutrina hindus. Foi por intermédio dos ensinamentos dos Mistérios do Egito que Pitágoras fez contato com a sabedoria do Oriente e que os gregos, bem como pelo contato por terra com a Pérsia, receberam muito do que mais tarde foi reinterpretado pelo mundo ocidental.

A prova mais clara da continuidade entre os ensinamentos orientais tradicionais e os da Grécia está nos escritos de Platão e Plotino. Embora existissem certas doutrinas que Platão afirma ter recebido sob o juramento de segredo, e que, portanto, não podia ensinar explicitamente, ele revela o suficiente para

12 Platão, *Timeu:* Conversação Introdutória; *A Doutrina Secreta*: IV. (N.A.)

mostrar com clareza o contato que teve com o Oriente e sua visão tradicional do homem. A imagem do homem, que é apresentada no *Banquete*, no *Fedro*, na *República* e finalmente no *Timeu*, não deixa dúvida de que algum tipo de elo entre as doutrinas hindus e gregas deve ter existido. Por exemplo, na *República*[13], a representação diagramática dos reinos do pensamento pode ser facilmente alinhada com a análise de Patañjali. Platão diz que a natureza do homem é tal que ele usa, progressivamente, diferentes tipos de pensamento. O processo desenvolve-se a partir da mera conjectura baseada nas percepções sensoriais, passa pela crença na opinião de outros e daí ao raciocínio, chegando até a compreensão iluminada dos princípios básicos. A existência da Vida Una na natureza e a identidade do homem com esta Vida podem bem ter sido ensinamentos interiores dos Mistérios e não revelados ostensivamente, mas estão indicados no *Timeu*[14]. A íntegra deste difícil diálogo torna-se muito mais inteligível quando lido à luz da metafísica e psicologia de Shankaracharya.

A seqüência quádrupla, levando ao contato último com o Real, ocorre também no *Banquete*, nos ensinamentos de Diotima com relação à verdadeira natureza do amor, e novamente no *Timeu*. No *Fedro*, o homem quádruplo é comparado a um cocheiro, com seus corcéis e carruagem — um símbolo encontrado nos primitivos *Upanishads* e freqüentemente repetido na literatura indiana clássica. O *nous* (Espírito) é o cocheiro, cuja ocupação é controlar a *psyche* (alma) dual: os dois cavalos, que são diferentes — um elevando-se para o alto, sobre asas poderosas, e o

---

13 Platão, *A República*: VI, 509D-511E; Edições de Ouro, Rio de Janeiro. (N.E.)
14 *Timeu*: 90 A, B, C; trad. de Cornford. (N.A.)

outro, igualmente alado, embora tendendo a cair na terra. A carruagem é o corpo humano. O dom das asas provém do divino Eros, o amor à verdade[15]. Em tudo isso, o espírito é inteiramente grego, mas a idéia é um tradicional modelo oriental.

Uma seção do *Timeu* sobre o cuidado da alma confere a cada parte do homem suas necessárias atividades, mas "com relação à mais soberana forma da alma em nós, devemos compreender que foi dada pelo céu a cada homem como um gênio orientador. ...Agora, se o homem é absorvido por apetites e ambições e consome neles todas as suas dores, todos os seus pensamentos devem necessariamente ser mortais ...Mas se seu coração estiver comprometido com o amor ao aprendizado e à verdadeira sabedoria, e se tiver exercitado, acima de tudo, esta parcela de sua personalidade, certamente estará destinado a ter pensamentos imortais e divinos..."[16].

"Eles devem erguer o olho da alma para contemplar aquilo que projeta luz sobre toda as coisas e, quando tiverem visto o próprio Bem, devem tomá-lo como um modelo para o reto ordenamento do estado e do indivíduo, incluindo a si próprios."[17]

A influência de Platão e de sua Academia durou até uma boa parte da Era cristã, e os escritos do grande neoplatônico Plotino atuaram como uma ponte pela qual muito do mesmo pensamento passou para o Cristianismo primitivo, por intermédio dos primeiros padres alexandrinos. G.R.S. Mead fez uma interessante comparação entre os ensinamentos de Plotino e os de

---

15 Platão, *Fedro*: 245-257. (N.A.)

16 *Timeu*: 90 A, B, C; trad. Cornford. (N.A.)

17 Platão, *A República*: IV, 441; VII, 540; trad. de Cornford. (N.A.)

Shankaracharya[18] Plotino, assim como todos os outros grandes estudiosos que citamos, sustentava que a prática da virtude e a contemplação da verdade levam ao crescimento da capacidade de entrar em relacionamento direto com o Uno; isto atingido, o solitário dentro de nós pode tornar-se uno com o Solitário do Universo.

Atualmente se reconhece o fato de que, depois do fechamento da Academia e a conseqüente dispersão de grande parte de sua literatura por entre as universidades do Oriente Médio e sucessivos centros de saber naquela área, as doutrinas gregas revivificaram a filosofia persa. Embora esses ensinamentos possam ter originalmente encontrado seu caminho para a Grécia a partir dessa própria região, neste momento eles retornaram e foram absorvidos de forma nova. Então, por meio de uma ou mais linhas de filósofos árabes, judeus e alexandrinos, variantes das tradições grega, hebraica e persa insinuaram-se novamente na Europa da Idade Média.

Os especialistas estão ocupados completando os detalhes da reabsorção do material clássico pela Europa medieval, mas o estudante ortodoxo é lento em aceitar a existência de qualquer tradição oculta envolvendo práticas religiosas e o despertar da alma para sua força interna. Contudo, a prova de que tal tradição existe está nos genuínos escritos alquímicos e rosacruzes dos tempos medievais e posteriores, que encontram sua interpretação mais clara quando examinados à luz da tradição oculta do Oriente. Diante da ignorância e do fanatismo religioso daqueles dias obscuros quaisquer

---

18 *Plotino*, de G.R.S. Mead. Introdução à Edição da Biblioteca de Bohn das *Obras Escolhidas de Plotino*. (N.A.)

investigações independentes tinham de ser cuidadosamente camufladas sob pena de se inviabilizarem, o que pode bem explicar a obscuridade dos escritos filosóficos do período[19].

A prática cristã contemporânea da meditação é mencionada no Capítulo III do presente livro. Ela segue, principalmente, a perspectiva clássica, começando com o comportamento moral, depois a disciplina mental (oração) e prosseguindo com a quietude e a identificação interior da vida pessoal com a do Ser ideal, o Cristo.

Aquele que busca genuinamente, quer esteja dentro ou fora de um grupo ortodoxo, parece passar pelas mesmas fases de experiência e alcança finalmente a mesma iluminação interior e contato direto com o Uno. Mas a literatura referente aos modernos ensinamentos cristãos sobre o assunto não está apenas demasiadamente obscurecida pelo dogma; carece, também, da base psicológica característica dos escritos primitivos. A terminologia Paulina é próxima à de Platão e as *Epístolas* adquirem novo significado uma vez entendido este fato[20].

É interessante que no desenvolvimento da psicologia moderna a atenção está novamente sendo atraída para as tradicionais doutrinas orientais, embora seja muito natural que isso aconteça. Patañjali, assim como seus seguidores e comentadores, estava plenamente cônscio de tudo o que atualmente existe sob a denominação de pensamento e sentimento inconscientes e tinha seus próprios métodos para lidar com complexos, fixações e similares. Há uma crescente literatura sobre a comparação entre as descobertas orientais e ocidentais[21]. O mais notável paralelo é,

---

19 *The Secret Tradition in Alchemy*, de A.E. Waite, especialmente os Capítulos I e III. (N.A.)

20 *The Gospel of Rightness*, de C. Woods. (N.A.)

21 *Yoga and Western Psychology*, de G. Coster. (N.A.)

provavelmente, aquele desenvolvido através da observação independente e prolongada, pelo professor Carl Jung. Este grande psicólogo dispôs as quatro fases da psicanálise numa ordem que convida a uma íntima comparação com Patañjali e toda a antiga tradição da busca pela iluminação: primeiro vem a confissão — a recordação e o encarar os fatos da confusa experiência passada; depois a explicação e a compreensão — o uso da mente racional para apreciar o significado do passado; em seguida vem a reeducação, um período em que a inteligência criativa deveria ser exortada a operar e a liberdade da experiência criativa não apenas ser descoberta, mas usada e desfrutada. Finalmente, vem a fase de transformação — para aqueles capazes de progredir até este ponto. Nesta última fase, o "homem velho" é deixado de lado e um novo espírito emerge de dentro, criativo, restaurador, trazendo à velha vida uma nova visão de seu significado e intenção[22]. Aqui encontramos uma vez mais os quatro níveis dos clássicos hindus, de Platão, e os quatro estágios do despertar da alma em Plotino.

Ao que parece, o ensinamento psicológico derivado de *Os Upanishads* não era apenas válido, mas iluminado. Por que tal fato deveria causar surpresa? Entre fósseis de calcário, datados de no mínimo 750.000 anos atrás, foram encontrados os ossos de um homem-macaco, um homem-macaco que usava fogo *(Australopithecus-prometheus)*. Se foram necessários 750.000 anos ou mais para trazer o homem desde aquela condição até o seu atual campo de experiência, o que poderão meros 3.000 anos, ou pouco mais, produzir no tocante ao crescimento automático? O ponto significativo é que no amanhecer de nossa cultura indo-européia

---

22 *Modern Men in Search of a Soul*, de C. G. Jung: "Problemas da Terapia Moderna". (N.A.)

um vidente inspirado traçou o mapa do caminho pelo qual um homem poderia deliberadamente conduzir-se e assim viajar mais rapidamente em direção à sua meta distante. Este mapa tem funcionado, na verdade, como um guia para muitos, já que foi delineado nos primitivos dias da Índia e, desde então, existem cada vez mais pessoas dispostas a testemunhar em favor da confiabilidade de suas diretrizes.

É bem verdade que na vida moderna existem novos problemas assim como novos métodos de se lidar com o material antigo. Mas a natureza variada da alma não se alterou muito nestes poucos milênios. Como Jung tão verdadeiramente reconheceu, ainda existem aqueles com uma inteligência primitiva, preocupados com a satisfação dos apetites. Existem aqueles de mente racional, freqüentemente materialistas, porque o mundo material está aqui, imediato, urgente, e com ele como plano de fundo, parece possível levar-se uma existência racional. Existe o que busca explicações mais satisfatórias do que aquelas fornecidas pela lógica dos fatos, o idealista, com um brilho de inspiração extraído de um ou mais dos valores últimos — bondade, verdade e beleza; ele está pronto para acariciar e alimentar o cavalo alado que elevará sua carruagem aos mundos da visão interior. E, embora poucos, existem, ainda, os que buscam conhecendo sua meta e seguindo um caminho que os leva rapidamente a ela.

Para os dois últimos grupos é importante deixar claro que existem práticas religiosas válidas, não-dogmáticas, talvez não-ortodoxas para ocidentais, mas de um tipo utilizado através dos séculos por aqueles que buscam mais luz sobre os nossos problemas humanos recorrentes. As práticas são progressivas, começando com o esforço para estabelecer o hábito de uma sólida conduta moral e social: acredita-se que tal comportamento se aplica a todos como uma obrigação social. Para aquele que busca verdadeiramente existe um treinamento posterior, regular, progressivo, para auxiliá-lo, em primeiro lugar, a compreender sua própria natureza e dificuldades, e os níveis nos quais atuam: e, em seguida, para desenvolver a quietude da mente disciplinada que, dirigida rumo ao real e ao verdadeiro, lentamente se torna capaz de aprender o significado e o propósito subjacentes ao nosso esquema de coisas.

Os homens diferem em sua presteza, em sua aptidão para tais práticas. Uns poucos de natureza especial podem descartar formas e usar um método intensamente interior de auto-realização. Outros lutam e tropeçam nos primeiros passos, enquanto a maioria necessita tanto de um sólido sistema como de uma prática continuada para estabelecer o domínio do Eu diretor sobre a mente inconstante. Para todos os tipos, o fator que determinará o êxito do treinamento é o grau de interesse, de intensa preocupação, que cada um traz à busca.

Por essa razão é que a infelicidade pode ser útil. Ela freqüentemente força os homens em sua busca pelos fundamentos.

A verdadeira felicidade pode ser atingida, mas sua fonte eterna está dentro do homem e não fora. Ao dirigir a atenção para dentro, e não totalmente para fora, um portal abre-se naquilo que pode, até então, ter parecido uma parede sem passagem. Aqueles que aprendem a passar através desse portal adentram um novo mundo.

O propósito deste livro é explicar, em linguagem moderna e simples, métodos de autotreinamento que conduzem a um maior nível de consciência, segundo atestam muitas gerações de estudiosos. O livro é um roteiro de estudo com exercícios. Nele são apresentados os fatos relativos à mente que devem ser conhecidos a fim de se controlar o seu uso, e indica as primeiras práticas essenciais para se estabelecerem sólidos alicerces para a posterior experimentação. Através do uso dos métodos indicados e sua aplicação na vida diária, a alma pode ser liberta de sua escravidão automática aos incidentes mundanos, ao mesmo tempo em que o estudante aprende a viver de maneira feliz junto aos seus semelhantes, talvez com mais êxito do que até então. A vida no mundo é necessária e destinada a estimular o gênero humano em direção à busca da sabedoria. Contudo, para viver a vida de tal forma que a sabedoria se desenvolva progressivamente, é óbvio que se torna necessário, num certo momento, compreender algo da natureza da mente e da capacidade de cada ser humano para a autodireção. A meditação é um método direto de se chegar a tal compreensão.

Nosso mundo necessita desesperadamente de mais pessoas que se preocupem com valores fundamentais. Da mesma forma, segundo afirmam atualmente muitos vigorosos pensadores públicos, ele necessita urgentemente de uma compreensão mais rica e mais profunda da natureza humana do que a encontrada nos manuais modernos. Tal compreensão não pode ser atingida por métodos de pesquisa laboratorial ou em se tornando parte em discussões acadêmicas eruditas. Ela surge, essencialmente, da profunda percepção, da visão intuitiva e, portanto, da experiência interior. Tal percepção pode ser ativamente estimulada por meio do uso inteligente da disciplina denominada meditação.

A psicanálise tem feito muito para redescobrir os vários níveis da mente humana, mas no homem há algo mais do que apenas uma variedade de modos de sentir e de pensar. A técnica da meditação foi concebida, e ainda existe, para auxiliar os homens individualmente a descobrirem dentro de si próprios aquele centro profundamente oculto da Vida una criativa que é o direito inato de todo membro da raça humana. A partir desse centro pode-se compreender muito do que seria, de outra forma, obscuro. A partir desse nível muito pode ser feito pelo mundo, pois, embora nosso mundo necessite de alimento para as suas milhões de bocas famintas, ele necessita, com ainda maior urgência, de luz para a escuridão de suas miríades de almas humanas.

MEDITAÇÃO

UM ESTUDO PRÁTICO

com exercícios

Capítulo I

A MEDITAÇÃO E SEU PROPÓSITO

A meditação é o inexprimível anelo do homem interior pelo infinito.

H.P. Blavatsky

A meditaçao consiste no esforço de trazer à consciência vígil, isto é, à mente em seu estado normal de atividade, alguma compreensão da superconsciência ...É o voltar-se da mente e dos sentimentos em direção ao ideal, e a abertura das portas da consciência inferior aprisionada à influência desse ideal.

J.I. Wedgwood

O propósito da meditação é a alteração da polaridade da mente pessoal, para que ela não se torne automaticamente responsiva às emoções e os sentidos, mas se volte naturalmente, em busca de estímulo e direção, para o Eu Divino, a Raiz de tudo[1].

O uso da meditação para esse fim implica a aceitação de certos princípios que são tidos como verdadeiros (veja o Capítulo II). O principal desses princípios é o conceito do homem como "um deus em formação"[2], trazendo dentro de si mesmo, em forma latente, todas as faculdades necessárias para a compreensão da Vida Divina e de suas leis, assim como todos os poderes

1 Compare com os ensinamentos de Patañjali, veja p. 15 desta edição. (N.A.)

2 *A Doutrina Secreta*: Volumes I e V. (N.A.)

requeridos para a sua plena cooperação com essas leis. Outro princípio essencial é o da dupla natureza do mundo mental e da mente humana[3]. A mente pode estar voltada para fora, para o mundo dos sentidos, para refletir os fatos da experiência física, ou então para dentro, para refletir as realidades do ser espiritual. Outros princípios e fatos importantes estão também envolvidos, mas o propósito da meditação não pode ser afirmado sem essas duas premissas. Uma vez admitidas, o propósito torna-se claro: consiste, numa primeira instância, em afastar a mente pessoal de seu habitual apego aos comunicados dos órgãos dos sentidos físicos e psíquicos. Então vem a necessidade de aprender a esvaziá-la, à vontade, de suas inúmeras imagens, construídas principalmente pela repetição da experiência sensória, "coisas vistas e ouvidas", e distorcidas pelo sentimento. E então, à medida que a mente começa a ser controlada, poderá se voltar como um claro espelho para o mundo da realidade espiritual. "Há coisas maiores do que essas, coisas reais e duradouras; quando as tiveres visto uma vez, não mais desejarás as outras[4]".

A meta da meditação não é, entretanto, meramente o autodesenvolvimento pessoal. Aquele que persegue esse caminho não percebe o real objetivo. O propósito último é preparar a natureza pessoal para que assim ela seja capaz de refletir e expressar o seu relacionamento com o Eu universal. E, uma vez estabelecido esse relacionamento interior, o aspirante poderá tornar-se de real utilidade no plano divino, pois será então capaz de trazer a sabedoria espiritual para guiar a vida diária.

Sendo esta a meta e o propósito da meditação, os métodos, se corretamente usados, produzirão notáveis mudanças em

3 *A Doutrina Secreta*: Volumes II, IV e V; *A Chave para a Teosofia*, de H.P. Blavatsky, seção sobre "O Homem Setenário", Ed. Teosófica, Brasília. (N.A.)

4 *Aos Pés do Mestre*, de Alcione: Capítulo I. Ed. Pensamento, São Paulo (N.A.)

toda a personalidade. Tal fato é confortador, pois a completa reorientação da mente pode facilmente levar várias vidas para ser alcançada[5]. Exercícios preliminares de concentração podem estabilizar e clarear o pensamento comum. A prática resoluta, aliada a uma conduta adequada na vida diária, modifica profundamente o caráter. A serenidade mental proveniente do êxito na meditação é um tônico excelente para o sistema nervoso e também estabiliza toda a psique em suas reações à vida diária. Tais resultados são de valor prático e, quando alguma proficiência for obtida no controle do pensamento, poderá ser usada para curar e auxiliar outros, bem como para ajudar o trabalho público e internacional.

Embora a afirmação acima possa ser considerada axiomática por aqueles que têm, por muitos anos, usado a meditação como o ponto crescente de sua vida espiritual, é justo parar um momento para considerar certas críticas, freqüentemente ouvidas, no sentido de que a prática rotineira da meditação é inútil para o despertar da consciência interior mais profunda.

É certamente verdadeiro que enquanto uma pessoa está completamente imersa em seu ambiente, seja ele agradável ou desagradável, ou mesmo se está apenas contente com as coisas como elas são e sem vontade de alterar seja a si mesma ou a elas, nenhuma soma de ginástica mental será capaz de despertar a percepção espiritual. A correta observação dos objetos externos pode ser treinada por meros exercícios, por uma memória melhorada e assim por diante, mas exercícios de rotina não abrem novos centros de consciência.

Quando há uma insatisfação com o seu modo de vida, o sentido de busca de um conhecimento mais profundo,

5 Para a teoria da reencarnação ver *Reincarnation*, de Irving Cooper; *Reencarnação*, de Annie Besant (Ed. Pensamento, São Paulo); e *Reincarnation, Fact or Fallacy?*, de Geoffrey Hodson, *Investigando a Reencarnação*, de John Algeo, Ed. Teosófica, Brasília). (N.A.)

uma disposição para aventurar-se em novos campos de experiência, aí sim é que tais práticas são mais proveitosas. O desejo de libertação da roda de nascimento e morte exprime a visão budista; a ânsia da alma por Deus é a designação cristã. Quando aquele que busca está realmente ansioso pelo contato com a natureza Divina, prosseguirá e não cessará de buscar até que encontre satisfação para sua necessidade. Tentará obter uma compreensão mais profunda, testará as explicações e se esforçará por viver à luz daquilo que compreende.

Mas existem muitos nos quais tal ardor de intenção não está ainda desperto e contudo estão desejosos de entrar em algum tipo de busca. São como trabalhadores que querem usar instrumentos pouco conhecidos, como um estudante possuidor de boa voz, mas sem conhecimento de pronúncia ou de respiração, que deseja ser um orador. Para aqueles que se encontram nesse estágio preliminar de vislumbre de um novo mundo interior, a meditação poderá representar um papel significativo. A técnica de autodireção mental poderá ser estudada, e o esforço empreendido trará à luz muita coisa de valor.

"O que um homem pensa, nisso ele se transforma". A citação, mais uma vez em *Os Upanishads*, é obviamente verdadeira, porque o pensamento está sempre ativo — estimulado ou enfraquecido, criativo ou repetitivo — e sempre construindo sua qualidade habitual na consciência daquele que pensa. Até mesmo o ato de aprender de cor amplia o repertório da memória, mas para sermos criativos novas idéias têm de ser digeridas e aplicadas, e não meramente repetidas. Ocorre o mesmo com todo processo de vida, com todo crescimento; o crescimento da alma não é exceção. Este é o cerne do problema, e uma clara compreensão dos princípios relacionados com a assimilação esclarecerá a questão do sucesso ou insucesso com os exercícios de meditação.

Quando nos alimentamos, o material nutriente tem de ser selecionado, ingerido regularmente e digerido. O processo de crescimento que então normalmente tem lugar é inconsciente. Embora o progresso espiritual por meio da mera repetição de uma rotina possa ser considerado impossível, o uso regular de exercícios mentais adequadamente escolhidos fornece ao aspirante alimento mental assimilável. É a aplicação das novas idéias na experiência diária que promove sua assimilação; nenhuma quantidade de meditação sobre o infinito despertará a espiritualidade em alguém que esquece o exercício ao deixar seu quarto. Os dois elementos, meditação e sua aplicação na vida, complementam um ao outro, e, quando usados juntos, indubitavelmente afetam o caráter, podem melhorar a saúde e podem levar a uma capacidade mais ampla de compreender e auxiliar os outros.

A prática da meditação, portanto, é um esforço do verdadeiro homem para mudar as reações automáticas, habituais, da natureza pessoal, para que se torne, assim, tranqüilo e mais aberto à influência do espírito. Isto é contrário aos interesses dos corpos pessoais[6], pois eles gostam do alvoroço e da agitação dos fortes estímulos pessoais e emocionais, mas interessa diretamente ao despertar espiritual. Se não podemos ver a verdade dentro de nós mesmos, como conheceremos a verdade acerca da vida em torno de nós?

O caráter dos exercícios de meditação pode ser variado para ajustar-se ao trabalho individual ou grupal. Há muitas escolas e livros recomendando exercícios especiais para várias finalidades. Uma vez compreendida a idéia geral da meditação, todos encontrarão seu lugar natural.

---

6 *Yoga Sūtras*, de Patañjali: Livro II. *Fundamentos de Teosofia*, de C. Jinarajadasa, Capítulo VI, Ed. Pensamento, São Paulo. (N.E.)

Aqueles que estão seriamente interessados nesse estudo e que ainda não estejam praticando a meditação devem arranjar um momento tranqüilo, regular, a cada dia, durante o qual possam praticar pelo menos alguns dos exercícios que se encontram no fim de cada capítulo. Se o livro está sendo usado privadamente, cada exercício deve ser repetido pelo menos por um mês. Se o assunto está sendo estudado em grupo e as reuniões são quinzenais ou mensais, cada exercício poderá ser usado durante o período coberto pelo trabalho do grupo na mesma seção.

É evidente que o material impresso pode ser lido sem que se usem, em absoluto, os exercícios ou sem que se trabalhe sobre os pontos sugeridos para reflexão, mas o assunto será muito melhor compreendido se estudantes e leitores fizerem seus próprios experimentos e testarem, assim, por si mesmos, o valor dos ensinamentos.

Exercício Básico

Escolha um período de tempo ininterrupto, de dez a quinze minutos. A melhor hora é de manhã, preferivelmente depois do banho e de fazer alguns leves exercícios de respiração, mas qualquer horário entre 04:00 e 22:00 horas servirá. Não é aconselhável meditar tarde da noite.

A cada noite escolha o assunto para a meditação da manhã seguinte. Uma lista de livros adequados é dada abaixo.

Na hora escolhida, sente-se ereto e confortavelmente numa posição de repouso. Relaxe os olhos, a nuca, os ombros e as costas, mantendo a espinha ereta.

Relaxe os músculos das coxas, os joelhos e os pés. Deixe que o peso do corpo se afunde na cadeira. Pode levar pelo menos cinco minutos para relaxar-se completamente, mas é importante praticar o relaxamento até que ele se torne habitual.

Quando o corpo estiver relaxado, volte a mente, calmamente, para o assunto escolhido. Pode ser uma virtude ou uma frase. Tente manter a mente nesta única idéia por, pelo menos, três minutos, permanecendo relaxado. Lembre-se de que concentração não é uma questão de esforço físico.

Faça algumas respirações profundas, estique totalmente o corpo e retorne lentamente à atividade normal.

Este exercício deve ser repetido regularmente, mesmo que pareça monótono. Um bom relaxamento físico é fundamental para se aprender a controlar o corpo, as emoções e a mente.

PONTOS PARA REFLEXÃO

1) Os dois princípios básicos para a prática da meditação, conforme mencionado no início do capítulo, necessitam de cuidadosa reflexão. O conceito do homem como um deus em formação é tratado em profundidade em *Deuses no Desterro*, de J.J. van der Leeuw. A natureza dupla do mundo mental está exposta em *A Chave para a Teosofia*. (Ed. Teosófica, Brasília).
2) Reflita sobre as causas das sensíveis mudanças na personalidade produzidas pela meditação.
3) Por que o relaxamento é tão importante? O que é que produz tensão no corpo? É possível relaxar as tensões de natureza emocional e mental da mesma forma que relaxamos o corpo físico? Que elemento do Eu superior é necessário para fazermos isso? (Veja Capítulo II).
4) Considere tanto o valor da meditação regular como, em alguns casos, sua incapacidade de alterar a experiência ou o ca-

ráter. Procure os princípios ligados à prática eficaz e aqueles que determinam os fracassos.

Lista Geral de Leitura Sobre o Assunto

1) *Meditation for Beginners.*
J.I. Wedgwood
2) *Concentration, An Approach to Meditation.*
Ernest Wood
3) *Concentration and Meditation*
Publicado pela Sociedade Budista, Londres.
4) *O Poder do Pensamento*
Annie Besant
5) *Deuses no Desterro*
J.J. van der Leeuw

Literatura especial será sugerida para cada capítulo.

Livros Adequados para Estudo e Meditação Diários

1) *Aos Pés do Mestre.*
Alcione
2) *Bhagavad Gītā*
Clássico Hindu
3) *Flowers and Gardens, In His Name. Is and Is-to-Be, What We Shall Teach, etc.*
C. Jinarajadasa
4) *The Kingdom of Happiness*
J. Krishnamurti
5) *A Year of Grace, Anthology*
Publicado por Gollancz

Capítulo II

BASE ESSENCIAL

Existe um eu que é da essência da matéria — existe outro eu interior, de vida, que o preenche — existe outro eu interior, de essência mental — existe outro eu interior, de verdade-conhecimento — existe outro eu interior, de bem-aventurança.

Taittiriya Upanishad

A meditação é praticada por razões muito diferentes, basicamente determinadas pelo temperamento do praticante. Uma pessoa gosta da quietude, enquanto outra valoriza a oportunidade de deter-se num ideal especial, pessoal ou impessoal. Algumas são plenas de devoção e aspiração a um instrutor especial e se erguem à sua presença pela pura identificação com ele.

Aqui a meditação está sendo considerada como uma ciência espiritual, a antiga ciência de treinamento da natureza pessoal, para que possa assim, expressar a vida do espírito. O sistema possui muitas variantes e pode ser enfocado sob muitos ângulos. Embora a devoção seja um auxílio poderoso em sua prática, não é essencial. A devoção "dá asas", mas existe a possibilidade de se caminhar. Para o uso proveitoso do método, com ou sem devoção, é importante ter-se uma compreensão plenamente clara dos elementos envolvidos e especialmente da natureza da personalidade que está sendo treinada, bem como dos poderes do espírito que, espera-se, possam ser despertados e manifestados.

No que segue, presume-se que o leitor já possui alguma familiaridade com os ensinamentos teosóficos fundamentais e com a idéia do Universo sétuplo, os vários corpos do homem e o esquema oculto geral da evolução[1]. No decorrer deste estudo examinaremos, apenas, certos elementos desses ensinamentos que estão especialmente ligados ao estudo da meditação.

O espírito humano é uma expressão da Vida una que sustenta e mantém o nosso Universo; quando aperfeiçoado, ele é, de fato, a expressão mais completa desta Vida dentro de nosso sistema, pois pode tornar-se plenamente cônscio e criativo. O homem não é uma criatura, um ser criado; ele é um espírito, uma emanação direta do Verbo Divino. Seus corpos são criados, formados sob as leis de ação e reação com a ajuda dos auxiliares invisíveis da natureza. Mas o espírito humano tem dentro dele uma centelha daquilo que É: ele exibe em si mesmo, em miniatura, o padrão do Divino Criador.

O verdadeiro ser humano, chamado na terminologia teosófica de Ego, é triplo em natureza, tendo os poderes da escolha (vontade, *Ātma*), percepção (intuição, *buddhi*) e pensamento abstrato (*manas* superior). Esse Ego vem à existência num dado momento, quando uma centelha da Vida una é capaz de ligar-se a uma mente animal altamente desenvolvida e polariza toda a consciência animal em direção a si mesma para seu próprio uso[2]. Shankaracharya

---

1 Para estudo geral destes pontos veja livros tais como *Fundamentos de Teosofia*, de C. Jinarajadasa; *Elementary Theosophy*, de Rogers etc. (N.A.)

2 *Fundamentos de Teosofia*: Capítulos III, VI, VII; *Study in Consciousness*, de Annie Besant: Capítulo XI; para o ensinamento de Shankaracharya veja *Historical Survey*. (N.A.)

chamou esse elemento no homem de *o corpo causal*, pois ele se torna o centro causal de todas as encarnações humanas subseqüentes e o depósito de toda a experiência humana.

A mentalidade, os sentimentos e os instintos animais, aliados a uma forma física agora ereta, dão ao homem os assim chamados corpos pessoais em termos teosóficos. Todos foram desenvolvidos nos reinos inferiores da natureza e estão impregnados de forças telúricas, as também chamadas forças lunares, as tendências *atávicas*, como as chamam os psicólogos. O espírito triplo, o Ego no homem, é solar, radiante, autoconfiante e criativo. Assim, há um conflito inevitável no homem devido a sua estrutura dual e muito tem sido escrito sobre isto na literatura religiosa. Em termos ortodoxos, diz-se que o espírito é capaz de regenerar os corpos, significando que a natureza pessoal pode ser disciplinada e, portanto, tornada subserviente à natureza espiritual, o que configura um longo processo.

Começa quando, na individualização, a consciência animal plenamente desenvolvida torna-se ligada a um centro causal humano. O Ego pode então voltar-se para baixo e expressar-se através da mente embrionária, dos sentimentos, dos instintos e dos hábitos físicos dos corpos animais. Tal combinação forma o homem rudimentar, agora pronto e ávido por um maior desenvolvimento e despertar mental. Na visão oculta, é com este propósito que o animal desenvolveu-se nas longas eras de seu passado – apenas para prover um Ego humano com os meios de viver conscientemente nos três níveis mais densos do nosso sistema, os do pensamento, sentimento e ação.

O propósito último desse casamento entre o triplo Eu espiritual e os corpos mais densos é que o Eu, por agir como centro permanente para muitas encarnações humanas, gradualmente será despertado e expandido até que possa expressar sua plena consciência criativa em todos os níveis da experiência humana. A Centelha divina necessita do estímulo provocativo provido pelo contato consciente com os mundos mais densos para habilitá-la a evocar, e a aprender a usar, tudo o que está latente dentro dela. O homem é, na verdade, um "deus em formação": a grandeza de seu futuro é ilimitada[3]. O ensinamento oculto é "torna-te aquilo que tu és!"

Para alcançar sua meta distante, entretanto, é necessário que o homem desenvolva, treine e refine seus corpos pessoais adquiridos na individualização, e isto não é para ser feito em uma vida ou mesmo em algumas poucas. O desenvolvimento inicial dos corpos tende a torná-los fortes e autocentrados, mas não centrados no verdadeiro Eu. Até o momento em que se faça um sério esforço de meditação, a natureza pessoal — pensamento comum, sentimento pessoal e assim por diante — deverá estar bem expandida, de modo a manifestar, mais fácil e habilmente, o pensamento, o sentimento e os atos humanos normais. Mas o foco de interesse principal torna-se fixo no "falso eu", o representante temporário, algumas vezes isolado, do Eu que é o centro de cada encarnação.

Além disso, cada corpo tem uma consciência própria, normalmente denominada elementais físico, emocional e mental. Formados de essência elemental, estão todos no arco descendente de involução, buscando formas mais densas para sua expressão[4]. Daí

---

3 Veja a nota 2, Capítulo I. (N.A.)
4 Veja a nota 6, Capítulo I. (N.A.)

gostarem de um viver grosseiro, de excitação e de atividades similares que não contribuem para a experiência espiritual.

Para treinar os corpos como instrumentos do espírito, o estudante deverá escolher novos hábitos que deseja desenvolver e treinar os elementais para aceitá-los. O novo modo de vida permitirá a associação com graus mais refinados da vida elemental, enquanto os mais grosseiros são expelidos para aprender lições em outra parte.

Uma razão pela qual a meditação torna-se mera rotina, e por isso ineficaz para muitos que a praticam, é que eles não estão dispostos a mudar modos estabelecidos de pensar e de sentir. Assim, por exemplo, por mais que um aspirante possa cultivar a boa vontade e ternura de coração, expressando-a talvez para com os animais ou as crianças, contudo, se permite a continuidade, sem desafiá-la, da hostilidade em relação àqueles cujas opiniões diferem da sua, o seu caráter não será materialmente alterado[5].

Quando uma escolha se impõe, quer seja pequena ou grande, é muito útil ter-se o hábito de encará-la com base no ponto de vista do seu significado para a natureza espiritual. Será essa ação, sentimento, pensamento, meramente o resultado de um antigo hábito e como tal desejado por uma natureza fortemente arraigada, isto é, pela vida elemental dos corpos, ou estará ela alinhada àquilo que eu começo a perceber como sendo a visão espiritual da vida?

É proveitoso, ao se tratar com os corpos como um todo, ter claro na mente a natureza ilusória de *toda* sensação, não apenas as comunicações dos sentidos físicos, mas também dos sentidos psíquicos. Todos os sentidos pregam peças de ilusão;

5 Veja o Capítulo VI, sobre "Obstáculos", para mais material sobre este ponto. (N.A.)

somente um exame crítico de suas comunicações por parte da inteligência superior diferenciará a informação fraudulenta dos fatos subjacentes. Por exemplo, certas nuanças de azul parecerão esverdeadas se colocadas próximas ao amarelo; o mesmo tom parecerá azulado se colocado próximo ao rosa. Isso prova que as sensações dependem de fatores ambientais. Elas são igualmente afetadas pelo interesse e pela fadiga do observador.

O efeito do ambiente, da fadiga, dos condicionamentos de todos os tipos, é até mesmo mais marcante no sentido psíquico, devido à qualidade mutável do material no qual opera e o íntimo efeito do sentimento e do pensamento sobre os próprios mecanismos usados para observar os assuntos psíquicos. O mundo psíquico é continuamente chamado de "o mundo da ilusão" no ocultismo, tanto por essa razão como também porque ele é muito pessoal e muito facilmente distorcido pelo egoísmo e pelo autocentrismo. A impessoalidade requerida para o êxito da meditação como um exercício espiritual é, também, felizmente, o melhor treinamento possível para a reta compreensão dos fenômenos psíquicos e para testar os lampejos de experiência psíquica que possam ocorrer de vez em quando.

A atenta percepção crítica dos sentidos e de todo o material apresentado pela experiência para consideração é chamada de *discernimento* com relação ao real e ao irreal. Esta é uma das qualidades sensíveis que a mente necessita desenvolver a fim de se tornar uma serva cuidadosa do espírito.

A natureza dual do mundo mental foi mencionada no capítulo anterior. É da natureza da substância da mente, do material do mundo mental, tomar a forma de qualquer impulsão apresentado a ele. O fato de a mente (*manas*) refletir *dois* níveis de experiência dentro de si mesma com *igual facilidade* necessita ser ponderado e assimilado. Os dois usos da mente no homem, um lidando com acontecimentos objetivos e o outro com idéias abstratas, fornecem uma pista importante que pode levar à evocação das atividades conscientes do espírito.

É uma experiência comum a associação instantânea da mente objetiva com as comunicações dos sentidos, com os sentimentos e com as memórias e planos envolvidos no viver diário[6]. Por outro lado, não é tão plenamente reconhecido que o nível mais sutil da mente se volta, com igual facilidade e naturalidade, para a vida *búdica*, sendo imediatamente responsivo à ampla visão, a ideais impessoais e a intuições genuínas. A qualidade do pensamento associado com a mente sutil, seu senso de totalidade e sua compreensão intuitiva podem ser trazidas à consciência vígil comum se voltarmos a atenção regularmente, todos os dias, por um certo tempo, aos assuntos com os quais ela naturalmente trata. Algum tempo, mesmo que sejam apenas vinte minutos num trajeto, deveria ser reservado, quando então a mente pessoal pode ser deixada de lado, quieta, enquanto o eu desperto lê e considera assuntos que são impessoais, filosóficos e de interesse geral - não pessoal.

Como foi afirmado anteriormente, o espírito no homem possui outros grandes poderes que também podem ser despertados e expressos na vida diária. O senso de unidade *(buddhi)* cresce quando nós realmente amamos os outros mais do que a nós mesmos, quando tentamos servir aos demais inteligentemente e buscamos compreen-

6 Patanjali: *Livro* I, 1-11, comentário de Dvivedi. (N.A.)

der aqueles que são muito diferentes de nós. O poder criativo da vontade *(Ātmā)* é despertado ao lidarmos com assuntos difíceis e é reforçado pela persistência em empreender qualquer tarefa até chegar a uma conclusão razoável. *A vontade também é exercitada quando deliberadamente nos desligamos*. O relaxamento físico é um verdadeiro exercício da vontade, um alívio do esforço por meio do equilíbrio e da calma interior[7]. A renúncia voluntária de nossas exigências sobre outros, de sentimentos clamorosos e coisas semelhantes constituem o relaxamento da natureza emocional. A mente é relaxada ao aprender a repousar, serenamente, num pensamento ou numa condição. Tais exercícios limpam e treinam os corpos e despertam a vontade espiritual.

A quietude na natureza pessoal auxilia o crescimento da mente superior, pois a paz do espírito somente pode ser conhecida quando o eu emocional está calmo. A conquista da quietude pessoal promove o *desapego* nos corpos pessoais, e o desapego é outra qualidade necessária para o sucesso na meditação[8].

A estes dois fatores significativos, discernimento e desapego, são dados nomes variados por diferentes instrutores. Dos *sūtras* de Patañjali eles são traduzidos usualmente como esforço direto e ausência de apego. Outra versão apresenta-os como determinação e auto-recordação. O termo budista para o discernimento é o equivalente a "abertura das portas da mente"; para desapego é "preparação para ação" ou aprender a viver retamente,

---

7 Há vários livros sobre relaxamento, mas nem sempre fáceis de se recomendar. *You Must Relax*, de Jacobson, é confiável e completo; *Power Through Repose*, de A.P. Call, apresenta exercícios simples. Veja também o Capítulo VI. (N.A.)

8 Os conceitos de discernimento e desapego são analisados em *Aos Pés do Mestre*. Para o cuidado e treinamento dos corpos, veja *Introdução ao Ioga*, de Annie Besant, Ed. Pensamento, São Paulo. (N.A.)

pela retidão em si e por nenhuma outra razão. Fundamentalmente, um implica o despertar da vontade espiritual; o outro uma progressiva retração do emaranhamento em sentimentos pessoais.

A atitude geral requerida como base para o êxito da meditação pode ser resumida da seguinte forma: em primeiro lugar, surge uma crescente apreciação do homem como sendo essencialmente espiritual por natureza, com imensos poderes criativos que estão latentes, esperando por meios adequados de expressão. Segue-se, então, uma compreensão dos hábitos ilusórios, separativos e geralmente egoístas, naturais à personalidade, que cresceu de baixo e não conhece nada melhor. Uma disposição de subjugar esses hábitos pessoais e de alterá-los em favor de uma experiência espiritual mais ampla necessita ser apoiada pela persistência, já que a pessoa está, nesse momento, iniciando a rápida realização de algo que, para outros, pode levar muitas vidas de lento crescimento, arrastando-se um pouco para adiante, depois para trás e novamente para frente. Combinada com o treinamento da personalidade e a tentativa de torná-la mais simples e mais bela, deve vir a elevação da atenção às coisas do espírito, e é isto que despertará mais rapidamente as atividades positivas do Ego, sua vontade, sua percepção e seu sempre presente amor e disposição para servir à humanidade como um todo. Quando seu interesse e atenção são despertados, o homem espiritual torna-se mais ativo e presta um poderoso auxílio na mudança dos corpos para satisfazer suas agora reconhecidas necessidades. É parte do trabalho da meditação estabelecer um vínculo diário entre o espírito desperto e a personalidade ainda resistente. Em tais momentos, a personalidade acalma-se e escuta; a consciência interior, então, pode se fazer sentir como paz, força e sabedoria.

Sugestão de Exercício para Uso Grupal ou Pessoal

Sentado serenamente como sugerido anteriormente, deixe o corpo relaxar.

Diga: (ou pense com determinação, em cada caso) Meu corpo está relaxado, descansando. *Respire calma e constantemente e deixe o corpo tornar-se mais e mais tranqüilo. Diga:* Meu corpo está relaxado, mas eu não sou o corpo. *Pausa.*

Diga: Minhas emoções estão se tornando calmas. *Sinta benevolência, boa vontade, tanto quanto possível para com tudo. Deixe que a sensação de paz e quietude preencha a alma. Diga:* Minhas emoções estão acalmadas, mas eu não sou as emoções. *Pausa.*

Diga: Minha mente vai se tornar quieta. *Pense em alguma vista ampla, como a do topo de uma colina ou sobre uma extensão do mar. Deixe a mente expandir-se lentamente, sem excitação, abrindo a si mesma ao silêncio e à paz. Diga:* A mente está calma, receptiva, mas eu não sou a mente. *Pausa.*

Diga: Sou o Eu; forte, puro, repleto de luz e vida, uno com todos os outros eus. *Detenha-se nesta idéia. Se preferir, volte-se em reverência ao ideal do Cristo ou de um Mestre especial. Tente não pensar em palavras, mas sim entrar na paz.*

Retorne em consciência à mente, limpando-a com a vida do Eu.

Retorne às emoções, sentindo-as suaves e fortes.

Retorne ao corpo físico, fazendo várias e calmas respirações profundas, sentindo-o refrescado e fortalecido.

Levante-se calmamente deste exercício e conserve a sua paz interior no coração, mesmo quando ativo no trabalho diário.

Pontos para Consideração

1) Considere o tipo de estudo e leitura que auxilia a preparar a mente para a meditação; deve ser intelectual, devocional ou ambos?
2) O que é um elemental pessoal? Qual é sua natureza e por que se diz que está na senda de involução? (Veja nota 6, do Capítulo I).
3) Qual é a natureza do conflito entre a vida do espírito e a vida da personalidade? Quando é que esse conflito tem probabilidade de ser mais intenso — em períodos anteriores ou posteriores da evolução humana? Dê exemplos desse conflito na vida diária.
4) Reserve algum tempo para considerar os termos controle, treinamento e refinamento, com relação aos corpos. Como essas práticas são auxiliadas pelo relaxamento da tensão?
5) De que maneira pode o reconhecimento da vida do espírito auxiliar-nos na vida diária?

Livros para Estudo

1) *Aos Pés do Mestre*
   Alcione
2) *Introdução ao Estudo da Yoga*, conferência I
   Annie Besant

CAPÍTULO III

VÁRIOS MÉTODOS

Os caminhos para Deus são tantos quanto os alentos nos corpos dos homens.

Provérbio Sufi

A meditação é uma prática aceita em quase todas as religiões, mas é natural que tenham se desenvolvido métodos variados durante longos períodos de tempo e sob diferentes culturas. As variações podem ser classificadas de acordo com o temperamento, a técnica ou a perspectiva religiosa que dá colorido ao sistema.

Uma análise do emprego da meditação de acordo com as diferentes religiões não é fácil, porque há membros de todos os tipos em cada religião e usam métodos simpáticos às suas propensões pessoais. Os parágrafos seguintes indicam as diferenças na ênfase, mas cada religião inclui uma variedade de práticas.

A fé hindu reconhece como válidos seis diferentes sistemas de filosofia e inclui muitas seitas devotadas a gurus ou instrutores especiais ou a aspectos da verdade una. Todas as formas de *yoga* são usadas neste grupo vasto e abrangente. Para muitos o objeto de devoção é Sri Krishna, adorado como o Senhor do Amor. A meditação sobre o seu nascimento como uma criança desamparada e sobre as fases de sua vida na terra conduz à união mística com ele.

A prática budista é dirigida no sentido de libertar a natureza pessoal dos hábitos ignorantes da mente e do corpo que prendem o homem ao renascimento. Tal esforço envolve o estudo e a compreensão da Boa Lei, cuja observância conduz à libertação das sucessivas encarnações.

Há uma série sistemática e completa de meditações sobre aspectos da Lei, sobre as qualidades a serem cultivadas e evitadas, sobre a paz, a morte, os estados divinos e assim por diante. Seguir o caminho do meio é a nota-chave da prática. O Budismo do Norte e o do Sul são muito diferentes em seus ensinamentos.

O Islamismo é essencialmente uma religião de devoção e, como a fé cristã, está centrado na devoção a um Instrutor. É um modo de vida que pode ser pleno de inspiração para o homem de ação e para o místico. Um grupo místico bem conhecido dentro desta religião é o dos sufis, mas o misticismo não é completamente característico desta fé.

O ensinamento da maioria dos corpos religiosos cristãos está mais preocupado com o oferecimento de orações e louvores verbais, formais ou extemporâneos, do que com a meditação silenciosa, embora existam certos grupos, notadamente a Sociedade dos Amigos, que não possuem rituais e tanto recomendam como usam um ingresso no silêncio. Há, entretanto, muita literatura cristã, tanto clássica como moderna, sobre o assunto da meditação, e em muitas comunidades religiosas a ciência da meditação é plenamente compreendida e praticada.

Um dos métodos cristãos é começar com uma meditação sobre os eventos da vida de Jesus de Nazaré. Baseada no ciclo do ano cristão, essa meditação tem por propósito cultivar certas emoções e virtudes, evocadas pela contemplação da vida do Cristo. Nos estágios mais avançados, há um ingresso na consciência do Cristo em união mística, permitindo que, por meio da devoção, sejamos transformados à sua semelhança. As orações e o uso do rosário podem ser empregados para favorecer a calma interior, enquanto a meditação sobre ou durante a Eucaristia auxilia na compreensão do Cristo interior.

Em relação às linhas de temperamento, uma distinção geral pode ser feita entre o enfoque dado à meditação natural para os chamados místicos e para os outros designados ocultistas. A diferença entre os dois pode ser facilmente exagerada, mas existe em todas as religiões, especialmente nos estágios iniciais da disciplina espiritual.

O místico tende a ser simples e direto em sua aproximação intelectual às questões religiosas; forte devoção e sinceridade são suas notas-chave. Seu método é, por intermédio da devoção, elevar sua consciência à unidade com a Vida una como evidenciada em seu ideal. Ele se identifica com a Vida desse ideal, que pode ser tanto pessoal como impessoal.

O ocultista tende a ser científico em sua perspectiva e tem o mesmo enfoque em relação aos assuntos espirituais. Ele estuda as leis da natureza, incluindo as leis que afetam a consciência humana, e emprega uma mente inquisitiva na relação com o estudo e com a prática religiosa.

Afirma-se, às vezes, que o ocultista é mais tolerante do que o místico, enquanto o último exibe maior entusiasmo e auto-sacrifício; cada tipo possui os defeitos que acompanham suas fortes qualidades. É provável que, perto do fim do treinamento, os dois caminhos se unam. O sistema de meditação usado variará em diferentes estágios para cada tipo, mas o ocultista tenderá a usar métodos que requeiram estudo e auto-análise, enquanto o místico prefere a ação dedicada, a introspecção e as formas mais contemplativas de meditação. Uma analogia pode auxiliar a elucidar a diferença e a semelhança dessas duas naturezas. O ocultista, ao tentar subir a escada interior de sua consciência, viaja passo a passo, compreendendo os estágios do processo pelo qual está passando. A experiência mística é uma experiência imediata, como a de ser carregado para cima num elevador. Mas cada um, no final, deve aprender alguma coisa do método de viagem do outro ou então sua experiência não terá sido completa.

A mais completa análise conhecida do treinamento espiritual é encontrada nos exercícios das sete escolas de *yoga* reconhecidas na prática hindu. Eles são aqui fornecidos para mostrar as variedades de meditação que podem ajudar aos diferentes tipos de personalidade.

a) O *Hatha Yoga* trabalha com o corpo físico, usando a disciplina física como um meio de despertar a vontade espiritual. Controla-se a respiração e praticam-se posturas difíceis a fim de flexibilizar o corpo, treiná-lo, assim como um cavalo é treinado para obedecer a seu cavaleiro, que é, nesse caso, o homem espiritual. Exercícios mentais são combinados com essas posturas físicas. Tais práticas podem afetar o corpo vital e os centros psíquicos e algumas levam a uma consciência ampliada, mas são facilmente mal empregadas e tornam-se, então, sujeitas a perigos especiais[1].

1 *Os Chakras*, de C.W. Leadbeater: Seção sobre "O Perigo do Despertar Prematuro da *Kundalini*", Ed. Pensamento, São Paulo. (N.A.)

b) O *Mantra Yoga* é o canto de algumas expressões sagradas, com devoção e atenção concentradas. Tem o propósito de afinar a natureza pessoal a uma nota-chave mais sutil do que a consciência vígil comum, para que possa, assim, "ouvir" a Voz do Silêncio, o Verbo, a pronúncia de Deus sobre sua própria identidade. A correta utilização de variados *mantras* é uma ciência profunda, embora muitos devotos utilizem apenas um.

c) O *Laya Yoga*, o *yoga* do fogo, visa despertar o misterioso poder criativo de *kundalini*; exercícios mentais e físicos especiais são prescritos para este fim. Se a *kundalini* puder ser corretamente dirigida para os centros psíquicos e espirituais no corpo, ocorre uma liberação do divino poder criativo. "A natureza é regenerada pelo fogo".

d) O *Karma Yoga* é o *yoga* da ação ou trabalho; o dever feito por sua própria causa, sem desejo de resultados, tais como a recompensa de sucesso ou aprovação, e sem desapontamento em caso de fracasso. O propósito é a habilidade na ação e o treinamento de todos os corpos para responder à vontade do Eu. Pode-se dizer que é uma forma consideravelmente modificada e certamente mais segura de *hatha yoga*. A meditação recomendada é a absorção na tarefa em execução e uma positiva concentração sobre ela. A meditação formal em horas fixas pode ser usada, em parte para fazer com que a consciência se volte ao seu propósito ideal, como também para treinar os corpos em eficiência e impessoalidade.

e) O *Bhakti Yoga* concentra seus esforços na devoção a um ideal e no amor a Deus ou a um instrutor espiritual especial. Símbolos, ritual, adoração organizada, *mantra*, todos podem ser usados como auxílios para atingir a união com o divino.

Este é o caminho de muitas religiões e normalmente do puro misticismo, sem o uso de rituais. As formas de meditação variam, mas sempre incluem um período no qual a consciência é identificada com o ideal.

f) O *Jñāna Yoga*, o *yoga* do discernimento, consiste em desenvolver um progressivo discernimento entre o real e o irreal, entre o Uno e as múltiplas formas assumidas por Ele. Visa ao conhecimento do Eu, atingido pelo claro pensar e portanto por uma percepção esclarecida de todo o esquema da manifestação. Os métodos de meditação variam à medida que a visão interior se abre, mas incluem o esforço de discernir a verdade acerca das várias atividades da personalidade a fim de alcançar uma união consciente com o Eu. O estudo regular é considerado essencial para treinar e expandir a consciência mental.

g) O *Rāja Yoga*, que significa *yoga* real ou régia, é a mais abrangente de todas essas formas orientais. Não requer nenhuma crença ou aceitação de dogma e pode ser empreendida num espírito de puro experimento. Seu propósito é o completo serenar da vida pessoal, levando à Auto-realização, o que pressupõe o relaxamento das tensões físicas e o desenvolvimento do desapego emocional e da quietude mental a fim de se obter uma personalidade completamente harmonizada sob o controle da vontade espiritual. É um sistema amplamente preferido por aqueles que estão empreendendo um sério treinamento oculto. As formas de meditação empregadas mais uma vez variam de acordo com a necessidade do indivíduo e seu estágio de crescimento, mas estão intimamente aliadas àquelas utilizadas para o *Jñāna Yoga*.

Em uma abordagem tão breve existem, necessariamente, muitas omissões, mas o que foi referido acima servirá para ilustrar a variedade extremamente ampla de métodos empregados na prática da meditação ao longo das eras.

Sugestão de Exercício

A experiência com os exercícios sugeridos anteriormente terá dado ao estudante uma idéia de algumas das dificuldades encontradas por aquele que quer estabelecer efetivo controle sobre sua mente. Esta seção ter-lhe-á mostrado a ampla diversidade que existe com relação ao método. É neste ponto que ele deve praticar, por algum tempo, um exercício básico que é reconhecidamente a pedra fundamental de todas as formas de treinamento mental. Chama-se a prática da recordação. O exercício provoca a resistência natural da mente à disciplina imposta, ao mesmo tempo em que ensina ao estudante o melhor método de vencer essa resistência.

Em seu livro *Concentration, An Approach to Meditation*[2], Ernest Wood dedica um capítulo a este exercício, o qual deve ser lido, se possível. Apresento, a seguir, um sumário da prática.

Em vez de tentar manter a mente fixa num assunto ou qualidade, escolha uma idéia central e, então, deixe a mente demorar-se em todos os tipos de pensamentos associados com a idéia escolhida. Mas, no momento em que é perdido o contato com o ponto central, chame a atenção de volta e comece nova-

2 Edição Quest Book, U. S. A. (N.A.)

mente com o mesmo tópico. Ao assim fazer, *siga a sucessão de pensamentos para trás,* até o ponto em que ele se afastou do tópico escolhido.

Por exemplo: o objeto selecionado é a face de um relógio. Com os olhos físicos fechados, a mente imagina o relógio claramente e então se permite pensar no tempo, nas horas e minutos (tal como medidos pelo relógio), no comprimento dos ponteiros, em outros tipos de relógios (em comparação com este relógio) e talvez, neste ponto, a mente pule para relógios elegantes de séculos anteriores, para as roupas de vários períodos, para a Revolução Francesa ...e o estudante percebe que perdeu contato com o objeto original. Está pensando em vidas passadas, em todos os tipos de coisas, mas não na face do relógio.

Assim, deve *trabalhar para trás:* vidas passadas, Revolução Francesa, roupas do período, relógios elegantes — passo a passo — até que tenha retornado ao relógio em sua mão. Pode parecer simples, mas, quando cinco minutos puderem se passar sem que se perca contato com o tema central, a pessoa terá aprendido algo sobre o controle do pensamento.

Wood sugere, também, que a prática seja auxiliada por uma atitude positiva em relação à vida diária. Escolha o que você vai fazer; faça-o sem queixa; altere sua escolha se achar melhor, mas *mantenha o esforço voluntariamente.* Se a vida parece ser feita de atividades que são todas incompatíveis, a pessoa poderá ao menos escolher a ordem de sua realização. Concentre-se no que você está fazendo e evite devaneios, crenças fantasiosas e ociosidade que não seja criativa. Tal viver clarifica a vida emocional e mental. Simplifica as reações automáticas e as harmoniza com a vontade do Eu.

Pontos para Reflexão

1) É de algum auxílio imaginar a si mesmo como um místico ou um ocultista? Há algum valor em conhecer nosso tipo natural de enfoque?
2) Qual é o valor da devoção a um instrutor ou a um líder pessoal, quando se é incapaz de estar na presença física desse instrutor? Como a qualidade espiritual do instrutor afeta o relacionamento?
3) Por que a meditação sobre os centros no sistema nervoso ou sobre os *chakras* psíquicos é considerada perigosa? (Veja nota 1, do Capítulo III).
4) Se a meditação é uma ciência, não deveriam todos abordá-la com um espírito científico? É a meditação também uma arte?
5) O que se quer dizer com meditação "por meio da concentração na tarefa que está sendo executada"?
6) Considere a seguinte citação: "Um aspecto de nossa situação anfíbia é que uma parte de nosso ser nunca pode ser purificada em separado da outra". *The Golden Sequence*, de Evelyn Underhill.

Livros para Estudo

1) *Practical Mysticism*
   Evelyn Underhill
2) *Buddhist Meditation*
   G. Lounsbery
3) *Self-Realization Through Yoga and Mysticism*
   J. Ransom

Capítulo IV

ESTÁGIOS PROGRESSIVOS: CONCENTRAÇÃO

O sucesso na vida espiritual é obtido menos pela contenda feroz com a natureza inferior do que pelo crescente conhecimento e apreciação das coisas superiores.

Meditação para Principiantes, J.I. Wedgwood

Na maneira curiosa e confusa que freqüentemente caracteriza a experiência pessoal, a idéia de controle do pensamento é muitas vezes erroneamente concebida como um processo pelo qual um estudante esforça-se e trabalha para dirigir o pensamento a canais pouco habituais e difíceis. Tal enfoque tende a tornar o esforço muito complicado e confunde a questão. O mundo do pensamento, na verdade, provê um meio muito livre, ágil, quando deixado entregue a si mesmo. A mente pessoal, construída do material do mundo do pensamento, responde de forma igualmente rápida aos comunicados dos sentidos ou às intuições do Eu espiritual.

É somente devido ao hábito há muito estabelecido que a mente humana comum presta mais atenção aos comunicados dos sentidos e às memórias das "coisas feitas e por fazer" do que às questões mais amplas da vida espiritual. E os hábitos pessoais que encorajam o tipo de pensamento usual — tais como a constante identificação de si mesmo com o corpo físico e suas necessidades e maneiras, ou a reação, com forte sentimento, ao comportamento das outras pessoas — surgem no elemento do desejo mais do que na mente. A mente, entretanto, voluntariamente conserva todos estes hábitos ao suprir uma série encadeada de quadros mentais que mantêm o elemento do desejo estimulado e dominante.

Para se desenvolver o controle do pensamento é necessário que os hábitos dessa psique pessoal — desse par mental-emocional que por tanto tempo trabalhou em conjunto — sejam observados e desafiados. O padrão de seu comportamento deve ser rompido e reformado segundo um plano completamente diferente. Durante esse processo, que é normalmente longo e realizado em estágios progressivos, a mente gradualmente retorna a seu estado puro. Quanto mais claro e mais simples o corpo mental, mais podem-se refletir, dentro dele, as alturas da consciência espiritual. Onde anteriormente havia apenas um sucessão de imagens imperfeitas, provocadas pelo desejo pessoal, agora algo da verdade, até mesmo da realidade, pode ser interiormente discernido[1].

Deve haver esforço: aprende-se pouco, a menos que se esteja disposto a persistir em tentativas enfadonhas e, no momento, aparentemente inúteis, de mudar o foco da atenção. A maioria das pessoas não está acostumada a usar a vontade a fim de permanecer concentrada em pensamento num determinado assunto. Mas o esforço é similar ao de se aprender a andar de bicicleta, a patinar ou a fazer qualquer coisa com sua natureza pessoal. Está se usando um novo conjunto de músculos, por assim

---

1 Veja "The Lake of Beauty" e "Desirelessness" em *Towards Democracy*, de Edward Carpenter. (N.A.)

dizer, e eles somente se tornam hábeis na ação desejada depois que algum tempo é gasto no esforço constante para aprender a nova técnica. À medida que a técnica é dominada, a ação torna-se primeiro fácil e depois mais ou menos automática.

Ao tratar com os três estágios geralmente aceitos na prática do controle do pensamento, o estudante deve tornar claro para si que os termos que usa para descrever esses estágios são de menor interesse do que a progressiva experiência que está subentendida na seqüência. Vários escritores usam os termos em ordem diferente ou dão aos estágios diferentes nomes, mas, num estudo detido, descobre-se que a experiência seqüencial descrita é normalmente a mesma. Ocorre que, para um estudante que está começando a observar o comportamento de seus próprios processos de pensamento, a tentativa de concentrar a atenção num objeto definido é útil, não em si mesma, mas como um meio de descobrir o modo pelo qual o pensamento e a vontade possam trabalhar juntos, como também de observar a natureza de seus próprios sentimentos habituais. Portanto, é também um fato, descoberto por muitos experimentos repetidos e independentes, que exercícios posteriores seguem efetivamente numa certa seqüência. Aqueles que prendem a atenção num ponto são apresentados no começo e aqueles que expandem a mente, deixando-a abrir-se tranqüilamente aos limites mais extremos que a consciência pode alcançar, são mais proveitosos depois que uma certa preparação para tal tranquilidade foi feita.

Nesse estudo usaremos os termos concentração, meditação e contemplação nessa ordem. Tecnicamente, concentração é manter a mente numa única idéia à vontade. Implica libertar a mente da associação habitual com desejo e sentimentos, por meio de exercícios que revelam suas maneiras preconceituosas e errantes, e então focá-la calmamente num único pensamento. A vontade é levada a focalizar-se sobre a mente, em especial pela escolha de objetos impessoais para tal concentração, objetos esses sem associações emocionais.

Na meditação, o pensamento é levado a apreciar calmamente um conceito que possui muitas nuances. Deixa-se que as nuances e associações preencham toda a consciência, de forma que nada é experimentado exceto o único conceito, em toda a sua riqueza. Tal meditação é conhecida como meditação "com semente", isto é, está ocupada com uma determinada idéia, o que resulta em posterior atividade mental, levando a uma compreensão mais profunda. Pode ser subdividida em vários passos ou graus de desenvolvimento.

Contemplação é meditação "sem semente", a penetração num estado inexprimível no qual cessa tudo o que é ordinariamente conhecido como pensamento. Esta condição está praticamente além da consideração verbal.

CONCENTRAÇÃO

Muitas coisas admiráveis têm sido escritas sobre este assunto, e recomenda-se especialmente a leitura de *Concentration, An Approach to Meditation,* de Ernest Wood, uma vez que apresenta sugestões úteis e uma detalhada série de exercícios, cobrindo um espaço de tempo de seis a nove meses.

Vale a pena enfatizar fortemente a importância do relaxamento do corpo e da respiração calma e fácil em relação aos exercícios de concentração, porque, quando se está tentando algo novo, é normal que se fique tenso com o esforço. O que é necessário, entretanto, é um retraimento das tensões e da irritação de todos os tipos. O ato de respirar profundamente, se feito de forma fácil e sem esforço, associado ao relaxamento de nervos e músculos, auxilia indiscutivelmente o aquietar da mente[2].

Segue-se uma boa seqüência para o começo de qualquer período de concentração. Tendo-se plenamente determinado o objeto sobre o qual se vai concentrar, começa-se por relaxar o corpo, assegurando-se que ele está fácil e confortavelmente acomodado. Faça algumas poucas e leves respirações profundas, permitindo que o corpo, os sentimentos e a mente tornem-se tranqüilos. Afirme, então, claramente, que, pelos próximos breves momentos, você estará preocupado somente com o único assunto em questão, o de aprender a trazer o pensamento sob o controle do Eu interior. Provoca-se, assim, uma condição de "recordação", na qual toda a consciência é unida e preparada. Feita a preparação, a mente é então voltada para o objeto escolhido e mantida sobre ele pelo período pretendido.

Os objetos primeiramente usados para concentração devem ser inteiramente impessoais e objetivos, não uma flor ou uma cor ou qualquer coisa com que se tenha associações emocionais. Este é um exercício para revelar os hábitos da mente, e, durante os primeiros experimentos, o pensamento necessita estar tanto quanto possível isolado. A não-familiaridade entre tal pensamento isolante e o sentimento freqüentemente causa tédio ou irritação. Os estudantes dirão: "Seria muito mais fácil concentrar-se em alguma coisa em que se tem interesse em vez de num lápis ou numa borracha ou num fósforo". E este é o momento de se compreender que o exercício é concebido para se treinar o uso da vontade, mediante a manutenção

---

2 Veja nota 7, do Capítulo II. (N.A.)

de uma escolha deliberada, tanto quanto possível, para estudar o comportamento do pensamento.

Nenhuma tentativa, contudo, deve ser feita para usar a vontade humana de maneira demasiado positiva para *forçar* a atenção. Seu uso natural é o de um agente removedor pelo qual tudo o que interfere com um dado projeto é tranqüilamente apagado ou posto de lado, deixando o campo claro para a atividade escolhida. A vontade no homem deve ser nitidamente distinguida do desejo, que é seu reflexo e contraparte nos níveis pessoais e um elemento muito útil no crescimento humano. Mas o desejo é sempre por algo externo à consciência, num nível ou noutro, enquanto a vontade trabalha de dentro para fora, não impelida, mas por seu próprio poder. Ela é um atributo humano profundamente interior, muito calmo[3].

Essa quietude da vontade deve-se em parte ao fato de ser ela uma força inibitiva e não uma que atue positivamente. O desejo agarra, impulsiona, impele à ação. A vontade, quando corretamente usada, apenas põe de lado todos os obstáculos, limpa o campo e deixa um espaço livre onde a mente pode observar ou criar. Este é um princípio importante, que não é fácil de se compreender intelectualmente. Ele é bem ilustrado pela relação da vontade com o relaxamento. No relaxamento há meramente uma inibição de toda a tensão; não se flexionam os músculos nem

---

3 *Personality and the Will*, de Aveling; Capítulo V. Descreve vários experimentos para investigar a natureza da vontade em ação. Foi mostrado que o esforço, a luta, cessa quando e à medida que a verdadeira vontade atua. O puro querer é frio, calmo, certo e pode agir contrário ao instinto ou hábito estabelecido. Veja também *Um Estudo sobre a Consciência*, de Annie Besant, Parte II, especialmente o Capítulo VII, Ed. Pensamento São Paulo. (N.A.)

se os estende, apenas se os *solta*. Esta é, talvez, a melhor e a mais direta ilustração da vontade como um agente inibidor ou removedor. Ela *permite* relaxamentos; ela *permite* quietude da mente.

Assim, quando a psique torna-se indócil ao ser forçada por três minutos a considerar um único objeto, não-emocional, o estudante deve usar a vontade calmamente para manter o campo da atenção livre de sentimento, livre de idéias intrusas, tais como: "Isto não, isto não". Deixa-se, então, a mente repousar sobre a idéia escolhida e, quando ela começar a sentir-se segura, as interrupções cessarão. Se e quando a mente conseguir escapar e divagar, o estudante poderá usar a técnica descrita no exercício para o Capítulo III a fim de seguir sua trilha de volta ao assunto escolhido.

Um valioso exercício de concentração é contar as respirações, respirando de maneira fácil, mas tão lentamente *quanto possa ser mantido sem esforço físico.* A mente deve ser apenas mantida no ato normal de respirar e as respirações, contadas até dez e, então, até dez novamente. Quando trinta respirações puderem ser contadas sem nenhum outro pensamento exceto o de respirar, algo acerca da concentração da atenção terá sido dominado. De modo algum a respiração deve ser estancada ou tornada anormal, e as pessoas que sofrem de problemas no coração não devem usar este exercício. Esta é uma antiga prática budista, usada há séculos por monges budistas, alguns dos quais podem manter a concentração por trezentas respiraçoes lentas — cerca de três horas!

O uso regular de qualquer exercício simples de concentração quase que imediatamente revela o emaranhamento automático do pensamento e do sentimento em questões pessoais, bem como a hábil receptividade da psique a todos os estímulos sensórios. À medida que se tenta pensar num lápis, o corpo fica quente demais, desconfortável, seja de pé ou sentado; uma campainha soa, alguém espirra, e em resposta a isso a mente se afasta. Ou associações em cadeia, notadas no exercício de recordação, se impõem e, portanto, torna-se quase impossível manter a atenção no assunto escolhido. Tudo isso é meramente habitual; não é inato à natureza da mente. Pode-se ensinar a mente a gostar de refletir a calma da consciência interior ou a debruçar-se numa idéia, da mesma forma como no passado ela foi ensinada a responder rapidamente a uma variedade de estímulos externos. Mas a reeducação requer repetido esforço e considerável tempo.

O resultado será atingido mais rapidamente se o estudante pratica a concentração da atenção naquilo que ele está fazendo durante o dia, mantendo a mente calmamente atenta em cada pequeno trabalho à medida que ele surge. Essa atenção deliberada que se presta ao trabalho estende o período de treinamento técnico em concentração por todo o dia e assim traz resultados mais rápidos, bem como uma estimulante autoconsciência.

Sugestão de Exercícios

1) Revise os exercícios mencionados no texto, tais como a prática de recordação (Capítulo III) e os comentários sobre respiração, relaxamento e diferentes posturas. Faça suas próprias experiências nesses pontos, tentando diferentes métodos e comparando os efeitos em sua própria consciência.
2) Concentração sobre um Objeto: Relaxe; respire calmamente; torne o corpo confortável.

Visualize o objeto escolhido, neste caso um vidro de tinta de uma marca que você conhece. Veja sua forma correta, seu rótulo, sua cor. Observe se ele está cheio ou vazio. Tenha primeiro um vidro de verdade, se for necessário, e estude sua cor, seu contorno, sua base, seu topo.

Feche os olhos e visualize mentalmente o objeto, o lado mais próximo primeiro, então de trás, a parte de cima, a parte de baixo. Quando você puder visualizá-lo por completo, deixe a mente descansar, identificada com o objeto. Mantenha a forma-pensamento como um todo, firmemente, pelo menos por um minuto, mas se possível, até *três minutos*.

Provavelmente será necessária alguma prática para se visualizar o objeto total, por mais simples que ele possa ser. A habilidade para se fazer isto aumentará com o repetido esforço, e é uma forma útil de controle do pensamento.

Caso o esforço tenha êxito, é possível que a imagem persista por algum tempo após o exercício. Se essa persistência resultar incômoda, quebre a imagem deliberadamente e use a vontade para apagá-la cada vez que ela reaparecer.

Pontos para Reflexão

1) Por que a prática da concentração é difícil?
2) Qual é o valor relativo de concentrar-se sobre um objeto impessoal ou sobre um que tenha conteúdo emocional?
3) Qual é a importância de concentrar plena atenção sobre uma tarefa e não pensar em outras atividades enquanto se a está fazendo?

4) Considere a utilização da vontade como um agente removedor.

(Veja as pp. 67, 69).

Livros para Estudo

Os mencionados no texto e também:

1) *Concentration, An Approach to Meditation*

Ernest Wood

2) *Mind and Memory Training*

Ernest Wood

3) *Concentration and Meditation*, Parte 1

Sociedade Budista

4) *Meditation for Beginners*, Seção sobre Concentração

J.I. Wedgwood

Capítulo V

ESTÁGIOS PROGRESSIVOS: MEDITAÇÃO, CONTEMPLAÇÃO

Ascender a Deus é entrar em si mesmo. Pois aquele que, assim ascendendo e entrando, vai acima e além de si mesmo, verdadeiramente ascende até Deus. A mente deve, entao, elevar-se acima de si mesma e dizer: Ele, de quem acima de tudo eu necessito, está acima de tudo o que eu sei. E assim, conduzida para o interior da escuridão mental, unindo-se àquele bem todo poderoso, a mente aprende a estar à vontade e, com toda a afeição, aprende a aderir e a tornar-se habitualmente fixa no supremo bem interior. Faça assim, até que você se torne imutável e chegue àquela verdadeira vida que é o próprio Deus; perpetuamente, sem nenhuma vicissitude de espaço ou de tempo, repousando naquela calma e secreta mansão interior da Divindade.

Albert, Bispo de Ulm,
Instrutor de São Tomás de Aquino.

Há uma clara distinção entre concentração e meditação, embora as duas estejam freqüentemente associadas na prática. Na concentração, a intenção é compreender e controlar a mente para que, assim, ela não mais reaja impacientemente aos incidentes, como no passado; ao invés disso, sob o comando do Eu, ela é ensinada a manter firme atenção até mesmo sobre o assunto mais enfadonho. Os exercícios de concentração são uma reeducação técnica da mente inferior, para que assim ela se torne obediente ao Eu e cesse de voar para cá e para lá.

Na meditação, o propósito é treinar a mente, agora aquietada, para deter-se num assunto escolhido, preferivelmente de significado profundo ou espiritual, de modo que o assunto possa revelar para a consciência meditativa seus significados mais ricos. A concentração sobre questões mundanas somente se transforma em meditação quando a verdade acerca do assunto é buscada. Em outras palavras, a meditação é uma invocação da atividade mental mais sutil, quando o conceito sobre o qual se medita é mantido em germinação na mente até que algum significado interior torne-se evidente.

Assim, o propósito da meditação é no mínimo duplo. Ela é utilizada para despertar as atividades intuicionais da vida mental, para tornar o pensar habitual mais iluminado, mais verdadeiro do que até então. Ao mesmo tempo, ela cultiva qualidades que nutrem e expressam o homem espiritual. Além disso, a mudança no hábito mental pode levar a um enfoque intuitivo de todos os problemas e o crescimento da percepção e da serenidade podem, com o tempo, estabelecer uma linha aberta de comunicação entre a consciência de vigília e sua fonte espiritual, seu Pai no Céu.

A Técnica da Pesquisa Intuitiva

A técnica da pesquisa intuitiva ou o uso da intuição para aprender a verdade acerca de assuntos enigmáticos, deveres conflitantes e coisas semelhantes requer, como preparação preliminar, a prática da concentração e o desenvolvimento de um grau considerável de impessoalidade. A obtenção disso tudo já foi discutida de modo bastante completo na literatura teosófica[1]. Se existe impessoalidade e um certo grau de concentração quando um problema se apresenta a um estudante ou aspirante, a mente pode ser levada a revisar, com desapego, todos os aspectos do tema em questão, seus efeitos sobre outras pessoas bem como sobre si mesma, suas raízes no passado e suas possibilidades para o futuro. Em se tratando de um problema científico, literário ou técnico, *todo* o material relevante deve ser revisado na medida do possível. Tal procedimento é necessário para preparar e afinar a mente inferior, para suprir e organizar o material de forma a que se possa expor a questão total e verdadeiramente. A mente inferior poderá, posteriormente, utilizar esse material e fundamento para capacitá-la a expandir e expressar a percepção obtida.

Quando todos os elementos do problema tiverem sido minuciosamente examinados e analisados, um lampejo de compreensão poderá surgir — usualmente uma solução de bom-senso advindo de um processo puramente racional. Caso contrário, deverá ser marcado um encontro com nosso Eu superior, numa hora adequada para uma calma meditação, com a intenção de alcançar um nível mais profundo de compreensão. No momento escolhido, depois de revisar brevemente o material coordenado, deixe a consciência descansar numa visão ampla de toda a questão, elevando o problema ao reino da silenciosa ponderação sem palavras. Esvazie a mente pessoal e espere por mais iluminação. A verdade existe; a reta solução pode ser conhecida. Espere até que ela se torne clara.

---

1 Veja *Aos Pés do Mestre*, sob o título "Discernimento, Controle da Mente etc.", Ed. Pensamento São Paulo; *Spiritual Life for the Man of the World*, de Annie Besant. (N.A.)

Se o esforço obtiver êxito, surgirá um lampejo de iluminação, um vislumbre de uma nova visão possível dos fatos ou, se for o caso, o esboço de uma palestra. Esse vislumbre será por vezes claro ou indefinido. Assimile o que quer que surja e repita a experiência numa data posterior, se for necessário. Com freqüência, nesse ínterim, no minúsculo fragmento de compreensão, um vago vislumbre se define mais claramente e se expande até a plena compreensão. O emergir da súbita percepção plena, como é possível acontecer, requererá considerável tempo para que se registre claramente na mente inferior, para que se expresse em palavras. Muito do material adquirido anteriormente poderá então revelar-se útil e ser rearranjado e reajustado para expressar a nova percepção.

A segunda utilização da meditação é a mais usual. Muitos estudantes desejam cultivar qualidades ou reações que expressarão o Eu real na vida diária. Essas qualidades e reações podem ter sido acidentalmente expressas no passado, mas não foram deliberadamente nutridas. Agora se deseja desenvolvê-las mais rapidamente. É verdade que o valor de um tal cultivo deliberado tem sido questionado por alguns psicólogos modernos, que temem a produção de um estado mental puramente artificial, que poderá afirmar a existência do bom e do verdadeiro, mas, no entanto, poderá perpetuar uma condição pessoal de desconfiança ou de ansiedade. Há um problema genuíno aqui: o desafio dos psicólogos não pode ser ignorado. Uma mera repetição mental de uma frase — por exemplo, de que Deus é amor e de que todas as pessoas são seus filhos — não faz outra coisa senão enganar aquele que faz tal afirmação verbal. Se desejamos alguma compreensão do significado do amor universal, devemos sincera e profundamente insistir no significado, na realidade dentro das palavras, até que ocorra uma assimilação da qualidade, ou experiência, do que estas palavras implicam, seguida de uma conseqüente mudança na natureza mental e emocional. Somente quando tal assimilação começa a ocorrer é que o esforço pode ser chamado de meditação.

Temas adequados para tais meditações obviamente diferem daqueles escolhidos para concentração, embora no começo de qualquer meditação seja útil concentrar-se por alguns minutos no aspecto objetivo do tema. Qualidades da alma, tais como bondade, coragem, cortesia, perseverança e assim por diante, são adequadas para este trabalho, mas cada estudante escolherá por si mesmo, ou o que sente ser-lhe necessário ou temas indicados pelas circunstâncias.

A preliminar usual de relaxamento e respiraçao leve é valiosa, seguida por uns poucos momentos dedicados à concentração ininterrupta no significado da qualidade escolhida, seu método usual de expressão ou exemplos pessoais particulares. Tal procedimento afina a mente à nota requerida e, para o principiante, será, com toda a probabilidade, a parte mais longa do exercício.

A verdadeira meditação começa quando se permite que o pensamento ou conceito descanse tranqüilamente na mente, enquanto sua natureza essencial é *experimentada,* como uma melodia cantada ou um vento soprando sobre a alma. A consciência torna-se, então, embebida em sua essência e expandida pela consciência de sua harmonia. Freqüentemente uma compreensão completamente nova da idéia surgirá, como, por exemplo, quando uma mulher, que estava com muito medo, meditou sobre a coragem e finalmente chegou ao ponto onde exclamou: "Eu pensei que coragem fosse contorcer-se para enfrentar situações horrivelmente desagradáveis, mas não é! É deixar-se retornar à vida!"

Para alcançar êxito a meditação sobre a mesma virtude ou conceito deve ser repetida diariamente, talvez por um mês ou mais. Mais tarde poderá ser necessário retornar à mesma meditação muitas vezes, por longos períodos, se se deseja que a qualidade fixe raízes no caráter e tome o lugar de uma fraqueza oposta. Imperfeições de caráter têm provavelmente permanecido incontestadas por muitas vidas: não se deve esperar que elas possam ser completamente eliminadas nem mesmo em um ano, muito menos numa quinzena. O primeiro efeito, na verdade, é, muitas vezes, tornar a pessoa tão cônscia da fraqueza que esta parece mais forte do que nunca. Isto é ilusório. A dificuldade pode, entretanto, ser lançada para a superfície e assim tornar-se mais óbvia[2].

Assim como na concentração, pouco pode ser conseguido a menos que a pessoa também expresse a qualidade desejada nos contatos diários. Uma meditação matutina pode fazer soar uma nota chave, mas os afazeres mundanos abafarão todos os traços dessa nota a menos que, durante todo o dia, a vida seja vivida com renovação, expressando o novo ritmo. Este aspecto da meditação invoca a vontade espiritual tanto quanto o faz a prática da concentração.

A meditação pode ser efetuada como uma ciência pura, como já foi afirmado, sem devoção a nenhum ideal pessoal. Mas a devoção ajuda, e aqueles para quem a existência de instru-

2 *In the Outer Court*, de Annie Besant. Capítulos sobre a "Construção do Caráter" e "Alquimia Espiritual". (N.A.)

tores espirituais parece razoável serão estimulados, voltando-se para eles e movendo-se em direção ao ideal que eles tão fortemente representam durante alguma fase da meditação diária. Aqueles que sentem devoção ao Cristo podem fazer muito ao elevar o coração e a mente à sua presença[3].

Somente à medida que se é regular na prática e persistente na aplicação é que ocorrerão mudanças perceptíveis na natureza pessoal. Mas elas ocorrem, como milhares podem testemunhar. A meditação e a prática regular nas linhas indicadas pode habilitar o olho da alma a abrir-se novamente sobre o mundo do espírito, porque a prática diária gradualmente acostuma a alma a voltar-se para o Eu em busca de orientação quando atravessa qualquer dificuldade. A alma, então, compreende que a luz do Eu sempre brilha dentro de cada um de nós; a limitada consciência vígil usualmente não está cônscia dela, mas ela está lá.

"... conhecer
Consiste mais em abrir um caminho
Por onde o esplendor aprisionado possa escapar
Do que em produzir a entrada para uma luz
Que se supõe estar fora..."[4]

A prática da meditação pode ser eficaz em "abrir um caminho". Para este propósito foi concebida.

---

3 *Meditation for Beginners*, de J.I. Wedgwood, veja o capítulo sobre "A Busca do Mestre". (N.A.)

4 *Paracelsus*, de Robert Browning. (N.A.)

Contemplação

Pouco pode ser escrito sobre este estágio da experiência pois seu objetivo é levar a consciência para além do alcance do pensamento e deixá-la não apenas aberta à Vida una, mas também sentindo sua unidade com ela. Segundo Patañjali, o *samadhi* consciente, ou completa absorção no infinito, ocorre quando "a sucessão das modificações das *gunas* (processos naturais) chega a um fim"; é "o retorno do poder da pura consciência à sua forma essencial"[5]. É óbvio que pouca coisa de algum valor pode ser escrita sobre estas questões, mas quando o neófito estiver pronto ele encontrará a orientação inesperadamente ao alcance da mão.

Exercício de Meditação

Meditação sobre uma característica, neste caso, a generosidade.

Relaxe e respire como antes; sinta o corpo como que descansando comodamente.

Tome a palavra *generosidade* e a desfrute por um tempo, extraindo seu significado mais profundo, por exemplo, consideração por outros, o esforço para compreender, boa vontade na prática, ternura, delicadeza etc.

Se nenhum sinônimo vem à mente, ou para propiciar alguma mudança depois de alguns dias, pense em pessoas generosas que você conhece e tente obter o sentimento do modo como elas encaram a vida. São delicadas, não criam problemas, estão interessadas nas opiniões das outras pessoas, não julgam rudemente etc.

---

5 Patañjali: IV, 34; tradução de Dvivedi. (N.A.)

Passe, em pensamento, à generosidade ensinada e mostrada pelos Grandes, a história do bom Samaritano, o cuidado do Cristo por sua mãe e amigos, sua delicadeza com as crianças, com os que sofrem. Se você conhece tradições similares relativas a outros grandes Instrutores, considere-as também.

Faça uma pausa e sinta generosidade pessoal por aqueles com os quais você está associado. Retire-se profundamente em seu Eu superior e sinta generosidade por todos, uma pura generosidade impessoal irradiando em todas as direções, sem um objeto especial.

Faça umas poucas respirações profundas e retenha o sentimento geral de generosidade quando você levantar para fazer outras coisas.

Este exercício pode ser repetido por uma semana ou mesmo por um mês e se tornará mais rico em significado e em efeito se a qualidade é também expressa na vida diária.

Pontos para Reflexão

1) Considere os estágios da meditação intuitiva:
   a) Visão geral do campo.
   b) Arranjo racional do material.
   c) Momento de escuta e receptividade.
   d) Elucidação do novo ponto de vista.

   Por que o desenvolvimento da impessoalidade auxilia esta técnica? Como a concentração auxilia?

   Enumere alguns fatores ou condições que poderão impedir sua operação eficaz.

2) Por que a concentração no assunto escolhido é útil como uma preliminar à meditação?

Exercício de Contemplação

Contemplação do Homem Divino.

Faça a preparação usual, agora mais plenamente, pondo o corpo físico em sossego.

Se possível, leia algo que você considere estimulante ou iluminativo com relação ao Homem Divino (João XIV, 9-15; XV, 1-13; *Bhagavad Gītā* X, etc.) ou recite um pequeno verso se for bem relacionado com o assunto.

Sinta paz e boa vontade para com todos.

Medite na existência de instrutores espirituais de todas as raças e terras, devotados ao serviço humano e à revelação da verdade.

Pense nos Salvadores Divinos, os Avatares ou reveladores da Vida Divina. Eles vêm ao mundo para trazer compaixão, compreensão, unidade. Mostram o que a natureza humana pode se tornar; revelam tudo o que a forma humana pode mostrar da natureza Divina.

Contemple o Cristo e, em quietude, aproxime-se de sua Presença. Abra o coração à sua luz, à sua bênção.

Descanse na paz da Presença sem palavras, deixando que ela o altere, nutrindo o espírito dentro de você.

"Aquilo que Tu és, nisso possa eu me tornar!"

Volte-se para o exterior e deixe que a bênção do Mestre flua através de você para todos os que sofrem, para aqueles que você ama, para aqueles que você considera difíceis; para todas as autoridades, para que elas possam ser sábias, iluminadas.

Deixe sua bênção purificar e fortalecer sua mente, seus sentimentos, seu corpo físico. Leve a bênção com você à medida que você retorna ao trabalho cotidiano.

Se você for interrompido, faça uma respiração profunda antes de mover-se, não se permita voltar com qualquer sentimento de resistência ou ansiedade.

Não fale com ninguém de qualquer experiência interior. Se você tem necessidade de expressão, escreva-a para você mesmo ler sozinho. Se tem necessidade de conselho, busque alguém que é sábio em tais assuntos e não meramente um amigo pessoal.

Livros para Estudo

Muitos volumes foram escritos sobre este assunto. O livro *Concentration and Meditation,* da Sociedade Budista, já citado, oferece vasto material de forma comentada, com valiosas sugestões baseadas na longa experiência daqueles que buscaram a Iluminação.

1) *Introdução ao Yoga*
   Annie Besant
2) *Practical Mysticism*
   Evelyn Underhill

Veja também as referências dadas no capítulo.

CAPÍTULO VI

OBSTÁCULOS E AUXÍLIOS

Feliz é o homem que, por apagar continuamente todas as imagens e por introversão e elevação de sua mente a Deus, finalmente esquece e deixa para trás todas as imagens ... vê, então, para que todo o teu exercício acerca de Deus dentro de ti dependa total e exclusivamente de teu intelecto, afeição e vontade. Pois, na verdade, este exercício não pode ser executado por nenhum órgão corpóreo ou pelos sentidos externos, mas por aquilo que constitui (essencialmente) o homem — a compreensão e o amor.

Albert, Bispo de Ulm

Pois nós temos que, de algum modo, discernir o verdadeiro caminho do Senhor dentre os caminhos emaranhados e as rodovias arteriais que correm em todas as direções ou em nenhuma: devemos aprender a distinguir a realidade perdurável da simulação. Este profundo conhecimento experimental das coisas de Deus — no pólo oposto de toda a espiritualidade meramente intelectual, de toda a habilidade religiosa — desenvolve-se e torna-se mais preciso à medida que buscamos aplicá-lo.

The Golden Sequence, Evelyn Underhill

O estudante já deve ter compreendido que o treinamento no controle do pensamento constitui uma ciência e que existem aspectos de seus estágios mais avançados que somente podem ser compreendidos à medida que a experiência da pessoa aumenta. Em muitos estudos, e especificamente no trabalho científico, o experimento individual elementar é essencial antes que a técnica avançada possa ser empregada. Isto é certamente verdadeiro no tocante ao uso da meditação, porque o controle inteligente do pensamento torna o praticante progressivamente mais cônscio do comportamento de sua consciência interior. Ele logo começa a reconhecer alguns dos automatismos profundamente enraizados de seu corpo, de seus sentimentos, de sua mente e a apreciar a dificuldade de dirigir a atenção ao longo de novas linhas. Crescimento, progresso, movimento na nova direção — chame-o como quiser — depende, de agora em diante, da determinação de prosseguir e da disposição de sacrificar o conhecido, o habitual, em nome da aventura espiritual.

O principal obstáculo ao sucesso na meditação é, portanto, a resistência usual da natureza pessoal à formação de novos hábitos. Será útil estudar este ponto mais detalhadamente.

Resistência dos Corpos

Cada um dos corpos pessoais desenvolve-se com base na exteriorização, uma fase de crescimento na qual é inteiramente natural colocar a ênfase nos mundos externos ao invés de nos internos. Durante esse período, cada um dos corpos é alimentado, estimulado, sustentado em sua própria natureza principalmente por meio de contatos externos. O mundo físico é, então, usualmente, o principal, senão o único mundo para o qual atenta a consciência que usa os corpos. Voltar essa atenção para longe das questões pessoais e mundanas e dirigi-la rumo à vida do espírito certamente requer esforço[1]. Cada corpo tem, ademais, sua própria vida elemental, e afirma-se, algumas vezes, que "os elementais, associam-se" para impedir que uma mudança radical ocorra, porque tal mudança significa a destruição de seus padrões habituais e a construção de novos padrões. A mente, os sentimentos e o corpo físico também apresentarão, assim, todos os tipos de desculpas para *não* meditar. Se insistimos na prática, eles então aproveitarão qualquer chance para interferir. O corpo ficará irrequieto; as emoções se preocuparão com o desjejum próximo, com sua preparação ou o tempo que leva; a mente apresentará listas de compras, uma leitura interessante e a doença dos parentes. A mente apóia as emoções; as emoções agitam a mente.

Se o estudante sabe que tal fato é normal, não desanimará. Que olhe para as interrupções calmamente, observe o seu tipo e origem e as tire do pensamento repetidas vezes. Se necessário, concorde em tratar com elas mais tarde. "Tudo bem: eu atenderei vocês depois do café, mas não *agora*".

A prática da recordação é proveitosa aqui[2]. É também proveitoso ver claramente o problema implícito em se mudar o foco de atenção do exterior para o interior e compreender que escutar o exterior conduz à excitação, à mudança, à preocupação, ao passo que, quando se escuta o interior, somente a tranqüilidade habilitará a pessoa a ouvir. Tudo o que foi dito anteriormente sobre o uso de momentos ociosos e do valor da concentração sobre o que quer que se esteja fazendo durante o dia, aplica-se à luta com os corpos. É uma luta: até agora eles correram soltos, se-

1 Compare com o Capítulo II e com a nota 6 do Capítulo I. (N.A.)

2 Exercício do Capítulo III. (N.A.)

guindo suas próprias inclinações. Agora necessitam ser forçados a seguir a vontade do Eu, e é preciso tempo e determinação para trazê-los sob controle.

Como regra geral, deve-se dar pouca ênfase ao processo pelo qual a psique será liberada ou esvaziada de seus antigos hábitos. É importante não lutar em demasia contra um obstáculo, pois ele poderá alimentar-se desse elemento de auto-interesse que então surge e, assim, assumir uma forte oposição pela própria ênfase que é posta na continuação de sua existência. O esclarecimento é um processo dual, um afastar-se do antigo padrão de pensamento e sentimento aliado a um preenchimento da consciência com nova vida de uma dada qualidade. Os dois processos devem seguir concomitantemente, pelo menos de início. Com o tempo, o estudante poderá aprender um jeito rápido de rejeição dos antigos padrões que poderá ter efeito quase instantaneamente. Se por causa do seu tipo, ou de um treinamento prévio, a vontade puder ser usada para apagar e *esquecer* rapidamente, então será necessária apenas a visão que percebe o que deve ser apagado e eliminado de uma só vez. Mas o vácuo criado deverá ser preenchido, automática ou deliberadamente, caso contrário a dificuldade poderá voltar, às vezes sob um disfarce muito sutil[3].

AMBIENTE

É um grande auxílio, quando se tenta uma tarefa sutil dessa natureza, estar entre outros que usam ou são simpáticos aos mesmos métodos. Isto foi, e ainda é, um dos componen-

---

3 *Thought Power*, de Annie Besant, Capítulos VI e VII, Edição Quest Book; *Introdution to Yoga*: Conferência IV; *The Play of Consciousness*, de E.L. Gardner: Capítulo sobre "Vontade e Mente". Veja também os exercícios deste capítulo. (N.A.)

tes da vida monástica. Monges e monjas podem esperar receber orientação experiente relativa às dificuldades da vida espiritual, incluindo aquelas encontradas na oração e na meditação privadas. Alguns instrutores religiosos dão conselhos a leigos que o solicitam e no Oriente há muitas escolas de *yoga*, bem como mosteiros. Para o ocidental comum, entretanto, ocupado em ganhar a vida ou sustentar uma casa, a experiência é freqüentemente tentada sob condições difíceis.

AUXÍLIOS TÉCNICOS

Aprender a pegar e largar o estudo ou outro trabalho interessante sem irritação é um excelente treinamento para os corpos, mas a meditação séria requer solidão e, sem tornar seus requisitos conspícuos, um estudante dedicado deveria ser capaz de arranjar um breve período *ininterrupto* de quietude para este fim. O melhor horário é de manhã cedo antes de alimentar-se. A noite não é o período adequado para tal trabalho por muitas razões, embora um breve período de leitura selecionada antes de dormir seja de grande auxílio.

Tem-se observado o valor de um momento de quietude, de respiração leve e de relaxamento antes da meditação. Freqüentemente vem à baila a questão da postura. Qualquer postura *que deixe a espinha ereta* e contribua para um pleno relaxamento do resto do corpo basta, até mesmo ajoelhar-se, se o corpo estiver acostumado a isso e puder relaxar nessa posição. Deitar-se não é bom, pois tende à negatividade ou até mesmo a adormecer. A posição oriental de pernas cruzadas é perfeitamente equilibrada, se for confortável, mas sentar numa cadeira apropriada com a espinha ereta pode ser melhor para os ocidentais. A combinação da espinha ereta, o que proporciona uma atitude mental positiva, com o profundo relaxamento das outras partes do corpo ilustra exatamente o estado de equilíbrio entre os extremos que é o mais desejado na meditação.

A saúde geral deveria ser estudada, como também o efeito do pensamento e do sentimento sobre o vigor corporal. Uma vez que a ansiedade e o esforço mental tendem a criar fadiga nervosa, o aquietar da mente e das emoções produz, naturalmente, uma liberação de vitalidade. Qualquer exercício que pareça forçar o coração ou que deixe uma tendência à dor de cabeça deve ser questionado e, se a dificuldade não puder ser superada por um maior relaxamento, esses exercícios particulares não devem ser usados.

Perigos e Tratamentos

Devido à demasiada intensidade relativa ao estudo oculto, poderá ocorrer um desgaste nervoso que se revelará, possivelmente, em problemas digestivos, dores de cabeça, hipertensões, contrações e afins. Tal desgaste poderá ser aliviado pela prática de profundo relaxamento, aprendendo-se a trabalhar com maior impessoalidade, com menos auto-interesse, menos desejo de sobressair-se e assim por diante. Ocasionalmente, um método particular poderá não ser adequado a um dado indivíduo, ou o corpo poderá não ter saúde suficiente para agüentar o treinamento. Em tais casos, recomenda-se aconselhamento experiente.

De forma alguma deverá a atenção ser focada nos centros psíquicos do corpo, pois são facilmente perturbados, e tal distúrbio é perigoso à saúde e à sanidade, além de ser, também, difícil de curar[4].

---

4 Veja nota 1, do Capítulo III. (N.A.)

O método puramente negativo de "sentar-se para o desenvolvimento", recomendado por certos grupos com o propósito de estabelecer alguma forma de comunicação psíquica com o outro mundo, não deveria ser usado. O melhor é não buscar os poderes psíquicos diretamente; eles surgirão naturalmente num período posterior e serão então positivos, isto é, estarão sob controle consciente. As palavras *positivo* e *negativo* algumas vezes confundem os estudantes. Como se pode ser positivo e, contudo, escutar a voz do Eu interior?

Neste caso, o termo negativo é usado para indicar uma atitude que voluntariamente renuncia ao controle dos corpos pessoais, solta a estrutura desses corpos e, então, aguarda, na esperança de que "alguma coisa aconteça", isto é, que alguma entidade externa se incorpore e torne suas idéias conhecidas pela escrita automática (psicografia, N.T.) ou por outros meios que *não* estão sob o controle do receptor. O psiquismo positivo, por outro lado, exige que a autodireção plena seja sempre mantida. O receptor sabe o que está fazendo e faz seus próprios ajustes. Diferentes centros são usados para os dois métodos, e o material dos corpos é organizado de forma distinta.

Na experiência psíquica positiva são as camadas mais refinadas de matéria que reagem às percepções interiores, tecnicamente os subplanos superiores de cada plano, e são os centros do coração e da cabeça que são normalmente empregados. O treinamento indicado neste curso de estudo prepara os corpos fundamentalmente para o desenvolvimento da percepção psíquica positiva, pois a matéria mais densa é expelida dos veículos pessoais, e os centros sutis do coração e da cabeça tendem a tornar-se ativos. É improvável que a experiência psíquica venha rapidamente, talvez nem mesmo nesta vida, mas, se ocorrer, ela será do tipo positivo. Wedgwood apresenta uma análise proveitosa deste ponto em *Meditation for Beginners*[5].

É provável haver desânimo, de tempos em tempos, pela falha em atingir resultados rápidos, o que deverá ser encarado com paciência. Para a maioria das pessoas, em especial para aqueles que sentem ser isso uma nova aventura, os exercícios de meditação provavelmente não produzirão visões psíquicas. Muitas autoridades assinalaram a facilidade com que o desejo de brilhar entre seus semelhantes no mundo em geral pode tornar-se em desejo de ser excepcional no mundo espiritual. É fato que um estudante sério, alguém que nesta vida, uma vez mais, esteja se voltando para o estudo da vida interior, poderá quase que imediatamente ter algum ligeiro contato com um líder ou instrutor, alguma experiência que assegure estar ele na trilha correta. Então, é possível que nada mais desse tipo ocorra por anos a fio. É uma perda de tempo buscar tais experiências ou ficar desanimado se elas não ocorrem. É oportuno estar precavido contra o auto-engano, tal como interpretar a forte luz do sol, brilhando sobre os olhos fechados, como uma iluminação astral, exagerando o sentimento ocasional de exaltação numa maravilhosa experiência e assim por diante. Tais acontecimentos deveriam ser explicados em bases físicas, se possível: se há genuína evidência de contatos não-físicos, deixe que sejam ponderados no coração e não tornados indevidamente importantes.

Proezas de qualquer tipo, tais como respiração especial, jejum, longas horas de estudo, exagero de qualquer fator no

5 *Meditation for Beginners*, Wedgwood: Seção "Positividade e Desenvolvimento Psíquico"; veja também: *Varieties of Psychism*, do mesmo autor. (N.A.)

trabalho, devem certamente ser evitados. Elas facilmente conduzem à tensão nervosa, auto-engano ou coisa pior, e são apenas outra tentação de parte dos corpos, ou do egoísmo, a fim de obter uma pequena excitação pessoal de uma tarefa que, de outra maneira, seria algo tediosa.

O meio-termo entre zelo e inércia é, como sempre, o ideal. Aqui, ele envolve esforço impessoal ininterrupto, como aquele de um bom caminhante que sabe por quanto tempo pode manter um certo ritmo, estabelece esse ritmo e o preserva.

De forma alguma o estudante deverá afastar-se da vida. Os exercícios de meditação são essencialmente um aspecto da vida. São eles um método de treinamento para um trabalho mais eficaz no mundo. Quando os corpos tornarem-se disciplinados e mais suscetíveis à vontade espiritual, o estudante poderá desenvolver uma maior percepção das necessidades dos outros e ser capaz de lidar com seus próprios problemas de forma mais sábia. Quando aqueles ao seu redor perceberem que a meditação diária torna-o um companheiro de trabalho ou um parente mais generoso, mais compreensivo e cordial, mais capaz de prestar ajuda inteligente quando necessário, terão uma opinião melhor do modo de vida que ele escolheu.

"Há apenas uma vida; a vida «espiritual» consiste em assentar-se firmemente nela de um modo particular, de forma que a ação se torne carregada de contemplação e o infinito seja servido nas e através das coisas finitas[6]".

---

6 *The Golden Sequence*, de Evelyn Underhill. (N.A.)

SUGESTÃO DE EXERCÍCIOS

1) Algumas vezes certas dificuldades especiais são muito persistentes. Encare o problema diretamente e tente descer até suas raízes profundas, dando-lhe um verdadeiro nome. Por exemplo: a timidez freqüentemente está ligada ao egoísmo; ressentimento quanto à injustiça para com os outros está usualmente relacionado aos nossos próprios medos, frustrações etc. Tente ir abaixo da superfície do problema, por mais desagradável que o esforço possa ser. Não o remoa, mas dê-lhe atenção direta e lide com ele criativamente.

   Se não conseguir sucesso com isso, então tente identificar a origem do sentimento em épocas anteriores da vida. Este é um antigo exercício monástico, embora hoje em dia tenha se tornado familiar pela psicologia moderna. *Quando me senti assim antes? Recentemente; na adolescência; na primeira infância?* Deixe que as idéias e figuras associadas flutuem calmamente na mente. Não as procure. Com o tempo, se o método obtiver êxito, algumas lembranças esquecidas podem surgir, alguma coisa há muito esquecida, quase sempre associada com uma emoção forte. Dê rédeas soltas à emoção; sinta-a toda novamente. Freqüentemente há um senso infantil de impotência ou depressão, deixe que ele se registre plenamente.

   Quando a emoção se tiver esgotado, olhe para a experiência a partir do dia presente. Aquilo era normal para a criança; inevitável, talvez, sob todas as condições da época. *Será que eu preciso continuar repetindo este sentimento agora?* Pode-se revisar a situação comparativamente, mantendo total simpatia pela experiência da criança, mas escolhendo ser diferente agora. Para livrar-se do efeito é possível que necessite cultivar alguma outra visão dos pais, amigos ou situações, tais como compreensão mais profunda ou maior amor. Pode ser necessário escolher uma meditação especial por algum tempo para construir a nova visão. Algumas vezes pode haver uma libertação quase miraculosa de tensões profundamente arraigadas; algumas vezes são necessários anos para erradicá-las, mas é de grande ajuda encontrar sua origem, datá-las, e então ver que o adulto pode escolher cultivar outros modos de sentimento. É um fato maravilhoso que o amor real, sem desejo de reconhecimento ou retorno, pode atuar como um solvente para muitos velhos apegos e tensões. Onde o *karma* permite, simples atos de boa vontade e serviço para com aqueles associados à dificuldade auxiliarão a estabelecer o novo relacionamento. Mas não espere resultados rápidos.

Uma palavra de advertência deve ser acrescentada contra todas as formas de auto-análise pública ou grupal, qualquer que seja o nome que a elas possa ser dado. Em certas clínicas psiquiátricas estimula-se, algumas vezes, a discussão grupal das condições primitivas, mas sempre sob a orientação de um psiquiatra altamente qualificado. Não há objeção a tal tratamento. No entanto, em vários países, entrou recentemente em voga o costume de se fazer confissão semipública de lembranças primitivas, evocadas por livre associação de idéias, com a presença de um profissional não-qualificado de um desses cultos auto-analíticos. Tais encontros deveriam ser evitados por muitas razões. A mais óbvia é o seu grosseiro exibicionismo; a mais importante é que para algumas naturezas há um genuíno perigo de um liberar repentino de inibições normais. Pode resultar na histeria e até mesmo na completa perda de controle e, uma vez afrouxadas, não é fácil restaurar as barreiras protetoras normais usadas pela consciência para conter aquelas forças não assimiladas que existem, não reconhecidas, em muitas naturezas. Caso se requeira análise profunda, ela deveria ser buscada individualmente em pessoas qualificadas, não em amadores, e não em público.

2) *A Doutrina do Ato.* Um capítulo interessante sob este título será encontrado em *Concentration and Meditation* (Sociedade Budista, Londres). É fato que a vida é preenchida por se vivê-la e não por tentar escapar de um aspecto da vida para outro. A resposta final para a frustração, descontentamento e coisas do tipo está totalmente dentro de cada um. Pela descoberta de sua própria totalidade potencial, daquilo que Berdyaev chamaria talvez de a liberdade incriada da consciência humana, surge a possibilidade de relacionamentos criativos com outros e consigo mesmo.

A prática valiosa, tecnicamente chamada de "a doutrina do ato", auxilia a pessoa a aceitar a vida como ela é no momento, sem desejar mais nem rejeitar o que se tem. Ela deveria ser usada somente quando o estudante tiver se tornado familiar com as formas mais simples de concentração e desenvolvido, em alguma medida, o poder de pensamento ininterrupto sobre um assunto. Ela pode ser resumida como se segue.

Enquanto realiza qualquer pequeno ato, tente perceber completamente toda a extensão de sua consciência. Aceite a situação, dando a ela sua atençao completa. É possível, com a prática, manter a consciência das respostas sensórias — por exemplo, ao lavar a louça —, dos sentimentos despertados e também da atividade da mente, de forma que se desfrute o pleno acorde daquele instante do ser. Isto evoca a vontade-em-ação e pode ser uma experiência curativa ou essencial. Considere, novamente, material sobre a vontade no Capítulo IV, em relação a este exercício.

Pode ser que ao se usar este exercício haja a tendência de alterar não apenas algumas das reações, que poderão ser vistas como devastadoras, mas também a escolha das atividades. Em qualquer caso, ele deveria ser empregado para experiências agradáveis, monótonas ou desagradáveis. Repita *ad lib* (à vontade, enquanto assim o desejar; N.T.). O seu valor aumenta com a repetição.

PONTOS PARA REFLEXÃO

1) Considere a resistência dos corpos à mudança, tomando um de cada vez e examinando o que ele teme e o que normalmente deseja.
2) Você considera útil a prática de recordação para livrar-se de pensamentos intrusos?
3) O corpo tende a tornar-se tenso na meditação? Caso afirmativo, por quê? Estude a maneira por que a vontade produz o

ato de relaxamento, enrijecendo e relaxando um músculo, digamos o do braço, e observando cuidadosamente a diferença no esforço para aumentar a tensão e no ato de soltar.

4) Faça a distinção clara entre os métodos positivo e negativo de desenvolvimento psíquico. (Veja *Variedades de Psiquismo,* Wedgwood).
5) Considere a relação entre meditação e vida diária.

Livros para Estudo

1) *Hints on the Study of the Bhagavad Gītā*
   Annie Besant
2) *Deuses no Desterro*
   J.J. van der Leeuw
3) *Mount Everest*
   George Arundale
4) *Steps in Spiritual Growth*
   Basil Wilberforce
5) *The Golden Sequence*
   Evelyn Underhill

CAPÍTULO VII

MEDITAÇÃO EM GRUPO

A parte racional da alma não está sujeita aos gênios (elementais); ela está destinada à recepção de Deus, que a ilumina com um raio ensolarado.

Hermes, citado em **A Doutrina Secreta**, I, 334
(edição inglesa)

A meditação, usada por um grupo formado de pessoas adequadas, tem algumas vantagens e algumas desvantagens, quando comparada ao esforço individual. Na meditação privada pode-se seguir o seu próprio ritmo, escolhendo seu próprio assunto e linha de pensamento. Num grupo que está bem unido, quer por temperamento quer pela adaptação dos membros uns aos outros, a consciência do grupo apóia o esforço pessoal, e um trabalho mais eficaz pode ser feito com o objetivo de contactar e distribuir influências úteis. Para tanto, contudo, os indivíduos devem concordar com o movimento geral do grupo e não seguir preferências pessoais. Se o indivíduo possui forte sentimento pessoal contra meditações dirigidas, é recomendável não tomar parte nelas.

Algumas pessoas temem o esforço da meditação grupal, mas em nossa opinião não há perigo se o pensamento combinado for guiado de estágio a estágio e imbuído de uma qualidade positiva, tanto de aspiração como de dedicação. Longos períodos de silêncio não são aconselháveis, a menos que as pessoas que tomam parte estejam habituadas a tal calma, como o são os da Sociedade dos Amigos. Há duas razões para isto. Por um lado, sem direção, uma consciência grupal pode não moldar a si mesma. Aqueles que tomam parte permanecem meramente um agregado de indivíduos pensando isoladamente seus próprios pensamentos, por mais belos e amistosos que possam ser. Denominar uma tal atividade de meditação em grupo é incorreto. Por outro lado, se uma entidade-pensamento se forma durante um longo período ininterrupto de quietude, é possível que a vida *dévica* (presenças angélicas, N.T.) torne-se bastante irresistível, o que, sem uma distribuição dirigida, pode causar emotividade individual ou até mesmo histeria grupal. Daí a necessidade de direção, primeiro para concentrar o pensamento, depois para firmá-lo e finalmente distribuir a vida grupal efetivamente.

A meditação numa reunião pública mista, como por exemplo, antes de uma palestra pública, tem pouco ou nenhum valor; na verdade, ela freqüentemente faz um recém-chegado sentir-se constrangido ou impaciente.

Na meditação de qualquer reunião de grupo com propósito espiritual, o pensamento dos membros está no mínimo algo afinado e presume-se que certos ideais comuns sejam sustentados. Nesse caso a meditação em grupo pode ter valor real. O comparecimento regular é um grande auxílio.

As sugestões feitas aqui estão todas baseadas em considerável experiência com pessoas sérias de interesses comuns, reunidas em escolas de verão ou fins-de-semana de estudo, onde conferências e reuniões de discussão foram também realizadas. Em tais lugares, uma pequena meditação em grupo logo cedo, a cada dia, provou ser valiosa.

O grupo estando sentado confortavelmente, a seqüência mais efetiva é (a) unificação do grupo; (b) oferecimento da unidade para o serviço; (c) aspiração e invocação de bênção; (d) distribuição. Cinco a dez minutos são suficientes para toda a seqüência, na medida em que poucos grupos mistos podem sustentar tal trabalho efetivamente por um tempo maior.

Num pequeno grupo, o líder não necessita mais do que estar familiarizado com o esboço da meditação que será usada e ler ou recitá-la com simplicidade e dedicação. Várias formas serão apresentadas, todas testadas muitas vezes. Para um grupo recentemente formado é melhor começar com aquela que tem a seqüência mais claramente marcada (veja o exercício para este capítulo, pp. 103-4, e usá-la até que se torne fácil para as pessoas trabalharem juntas.

Mais detalhadamente: a preparação deveria começar com cada pessoa relaxando o corpo físico e acomodando-se numa posição confortável; depois acalmando a natureza emocional, sentindo simpatia e benevolência para com todos os presentes e para com o mundo em geral. Isto é seguido pelo aquietar da mente e pelo oferecimento da consciência como um todo ao trabalho a realizar. Num grupo treinado, não há necessidade de se observarem estes estágios; uma instrução geral, para relaxar as tensões e tentar realizar uma unidade, é tudo de que se necessita, com um momento de pausa para permitir que isto seja feito.

Com a experiência um líder aprende a calcular suas poucas palavras, de modo que uma velocidade média seja mantida. Algumas pessoas gostam de um longo tempo para cada adaptação, outras o fazem instantaneamente por um ato de vontade. Inevitavelmente cada um deve adaptar-se ao todo, e o líder deve estudar seus membros e até mesmo perguntar, de início, se eles gostariam de um tempo maior ou menor. *É impossível agradar a todos:* encontre um meio-termo.

O ato de dedicação pode ser realizado de várias maneiras. Numa reunião mista a idéia deve ser tocada apenas levemente, porque algumas pessoas se acanham e se constrangem se o grupo torna-se demasiado devocionista ou pessoal. De modo geral, é suficiente o oferecimento da vida comum, como uma unidade, para o serviço do mundo. Onde um propósito já está de antemão acertado, como num grupo de curas, e se a dedicação a esse propósito tornou-se habitual, o instante de uma nova dedicação pode meramente ser indicado como um oferecimento renovado e conjunto.

O terceiro ponto na seqüência, o de invocar o contato com um ideal elevado e de receber uma bênção, é até mesmo mais difícil de indicar claramente quando há uma filiação mista. Tampouco pode-se, atualmente, contar sempre com a aceitação de uma perspectiva ou terminologia puramente cristãs. Em grandes grupos mistos pode-se empregar algum termo geral, tal como "seu mais elevado ideal". Por outro lado, em grupos menores, onde as crenças dos membros são conhecidas, a referência mais específica ao Cristo ou a outros instrutores espirituais pode ser inteiramente apropriada.

Se a unificação é efetiva e a dedicação sincera, tende a surgir neste momento, ou mesmo mais cedo, um firme senso de unidade, de libertação e de quietude, que indica a ligação dos corpos sutis daqueles que estão presentes numa temporária entidade grupal. Uma entidade deste tipo é sempre formada e intensificada por influências angélicas. Tais influências têm várias qualidades e às vezes grande poder.

Embora em muitos encontros deste tipo a existência de uma "superalma" seja um fato indubitável, ela não deveria ser buscada conscientemente nem mencionada posteriormente, caso contrário, seu valor é dissipado. Mesmo num pequeno grupo a vida contactada por sinceras meditações em conjunto pode ser surpreendentemente forte, pois isso depende da dedicação e não de grandes números, habilidades ou erudição. Os anjos esperam oportunidades para cooperar com o gênero humano; nós lhe damos muito poucas. Até mesmo poderosos *devas* (anjos superiores, N.T.) são atraídos para, e intensificam, uma manifestação de grupo que seja harmoniosa e de qualidade idealista, e isto é especialmente assim quando sua presença é dada como certa. Existem, entretanto, outros tipos de influências. Existem as entidades inferiores que gostam da excitação pessoal e da emotividade exagerada, ou são atraídas pela curiosidade psíquica e conversa tola acerca dos mundos interiores. Tais influências podem levar à histeria e ao aumento da importância pessoal. Assim, se uma bênção for sentida ou a influência de presenças invisíveis notada, deixe que seja dada como certa. Membros invisíveis e prestativos do grupo virão, farão seu trabalho e depois partirão com bênçãos e boa vontade mútuas, assim como fazem os membros visíveis. Quer sejam eles percebidos ou não, não importa. É uma lei da vida interior que nenhum canal puro jamais será aberto para seu uso sem que seja logo preenchido e usado ao máximo. Há necessidade de tais canais; há uma pressão, por assim dizer, no mundo do espírito e nenhum escoadouro poderia ser ignorado, assim como a água não poderia deixar de fluir através de uma abertura num reservatório cheio. Pode acontecer, às vezes, que esteja presente algum elemento num grupo — má saúde, animosidade ou alguma tendência oculta — que obstrua o contato com os mundos interiores, da mesma forma que existem reuniões em que tais contatos são extraordinariamente fortes. Novamente, é melhor não discutir isso no grupo, mas meramente fazer o que quer que possa ser feito para proporcionar as melhores condições para o trabalho. Assim como a meditação pessoal, o uso da meditação em grupo é uma ciência. Ela certamente pode ser baseada num espírito devocionista, mas sua técnica pode também ser estudada de forma bem impessoal. A experiência com várias formas proporciona um meio de estudar o efeito de diferentes arranjos, fórmulas e métodos.

De modo geral, não é recomendável misturar diferentes tipos de trabalho numa reunião de grupo. Por exemplo, o uso de alguma forma de meditação em grupo para auxiliar o mundo em geral não deveria incluir, na mesma reunião, um pensamento especial de cura para um membro que possa estar doente. Os membros individuais podem incluir um amigo em suas consciências, como que compartilhando da atividade do grupo; ou os membros podem decidir, em seu pensamento pessoal, durante o período distributivo, a vontade de ser útil àqueles que lhe são próximos na vida diária. Mas a cura de pessoas individuais é uma tarefa especial que necessita de algum treinamento e, em regra, é melhor não incluí-la numa meditação em grupo geral, realizada para outros propósitos. (Veja o próximo capítulo).

Alguns podem se interessar em unir-se naqueles momentos de consagração, tais como o amanhecer, o meio-dia e o pôr-do-sol, usados em todo o mundo por todas as religiões. Em períodos de crise tal pensamento comum torna-se sensivelmente mais forte.

Para resumir: é evidente que grupos podem ser centros efetivos para a concentração e distribuição de poder espiritual. A técnica, como qualquer outra atividade útil, necessita tanto de estudo como de prática. Nestes dias de pensamento confuso, aflição e incerteza, o pensamento grupal dedicado pode certamente ser útil em liberar correntes de vida espiritual purificadora e estabilizada. Reuniões harmoniosas para este fim fortalecem tanto a Organização que faz o trabalho como as pessoas que participam do esforço.

Sugestão de Exercício

1) Que os participantes sentem-se confortavelmente em suas cadeiras; relaxem os olhos, a nuca, a espinha e os membros. Façam duas ou três respirações tranqüilas. *O líder diz calmamente:* "Meu corpo está descansando ... mas eu não sou meu corpo". *Pausa.*

   "As emoções são fortes, urgentes. Eu escolho sentir-me em paz, calmo, descansado". *Pausa.* "Eu não sou minhas emoções; eu posso controlá-las e dirigi-las. Eu envio boa vontade e simpatia para todo o grupo e a todos ao meu redor". *Pausa.*

"A mente está ativa e repleta de imagens. Eu posso dirigir sua atividade. Que ela pense numa vista ampla, um mar ou vale iluminado pelo sol. Que ela fique serena, pacificamente contemplando um grande espaço". *Pausas, quando necessárias.*

2) "Vamos dedicar-nos ao trabalho presente. O Eu em cada um é puro, forte, uno com todos os outros Eus". *Pausa.*
3) "Vamos erguer a vida do grupo como um todo até a presença da mais elevada idéia que conhecemos (ou do Senhor Cristo) e oferecê-la para o serviço. Possa (Sua) bênção descer sobre nós". *Pausa.*
4) "Que a luz e a paz que recebemos derramem-se sobre o mundo: *(pausas quando convenientes)* sobre todas as autoridades, para que elas possam ser sábias; sobre todos que sofrem em mente, corpo ou condição social; sobre todos os que nós amamos.

Que a paz e a força do Eu more em nossas mentes *(pausa)*, em nossos sentimentos *(pausa)*, e reforce nossos corpos".

Os participantes devem, então, fazer umas poucas e tranqüilas respirações leves e retomar a liberdade de movimento.

PONTOS PARA REFLEXÃO

1) Considere as vantagens e desvantagens de qualquer tipo de trabalho coletivo íntimo, tal como a meditação.
2) Especifique os quatro estágios da meditação em grupo indicados no capítulo e os considere, a princípio individualmente e, depois, em relação uns aos outros.

3) Por que é um tanto difícil ser bem natural e simples ao cooperar com os trabalhadores *dévicos* invisíveis? (Veja a leitura sugerida).
4) Considere o trabalho de um grupo como um centro para bênçãos e para influências purificadoras no mundo.

Livros para Estudo

1) *A Ciência dos Sacramentos*
   C.W. Leadbeater
   (Veja o índice remissivo em anjos etc.)
2) *O Lado Oculto das Coisas*
   C.W. Leadbeater
   (Veja o índice remissivo em anjos, *devas*, pensamento etc.)
3) *A Fraternidade de Anjos e de Homens*
   Geoffrey Hodson
4) *Nature Spirits*
   D.N. Dunlop
5) *Fundamentos de Teosofia*
   C. Jinarajadasa

Capítulo VIII

AUXILIANDO OUTROS PELO PENSAMENTO

Servi de Minha Vida para auxiliar-vos uns aos outros. Abri os portões. Não fechai nenhum deles. Reconhecei Meu Toque quando ele descer sobre vós. Com os olhos da alma percebei-Me e sede um todo.

Peregrino do dia! Ide em frente para encontrar em cada face o Ressuscitado. Se ele desperta, ele vos saudará e vossa porção será duplicada. Se ele dorme, saudai-o em silêncio. Não o acordeis. Ele conhece sua própria hora e Deus está sobre todos.

Palavras Vindas do Silêncio

Se a pessoa fez o esforço para treinar os corpos de forma que assim o pensamento possa, em alguma medida, ser controlado e dirigido, é muito natural que ela queira usar o poder do pensamento para auxiliar a outros. Mas é um assunto delicado interferir na vida de outro, pois tudo o que foi dito neste curso indica que o relacionamento entre a consciência do homem e os corpos que ela usa não é de forma alguma um relacionamento simples. Quem realmente compreende a si mesmo? Muito mais difícil é sondar as necessidades espirituais de outro! Pode-se oferecer o que se tenha para dar com humildade e na esperança que isso possa ser útil mas, basicamente, é o recebedor que decide que uso é feito da ajuda.

Pode um ser humano curar outro? E se puder, como fazê-lo?

O único modo pelo qual a cura real pode ser comunicada é por meio daquilo que todos compartilham, ou seja, a vida do Espírito[1]. É a vida subjacente, na qual todos estão enraizados, que torna a comunicação ordinária possível; ela permite que a compreensão cresça entre homens e mulheres de tipos diferentes e de diferentes formações raciais; permite que um compartilhar de consciência ocorra, de modo que as pessoas solitárias possam ser confortadas por outras idéias e impulsos passados de mente para mente. Esta mesma unidade básica permite que ocorra um fluir de poder curativo de uma pessoa para outra. Nunca se cura ou auxilia completamente pela atividade pessoal. É a vida que cura; o curador ou médico somente abre canais para que a vida faça o seu trabalho.

A libertação da tensão, da aflição ou da dor, que conduz à cura, ocorre de muitas maneiras. Pode ser instintiva e acidental, como quando uma babá bondosa acalma uma criança aterrorizada; ou pode ser iluminada ou miraculosa, como o trabalho curativo do Cristo. Pode ser superficial e temporária; ou intencional, mantida por um longo tempo, e o resultado de um treinamento profissional para tal trabalho.

Os chamados milagres são devidos à ação da lei em níveis pouco conhecidos. Eles podem ser evocados, mas algumas

---

1 *Aos Pés do Mestre*, fim do Capítulo I. *Some Unrecognized Factors in Medicine*, Theosophical Research Centre, Capítulos III e IV. (N.A.)

vezes acontecem pelo agrupamento aparentemente fortuito dos fatores necessários. Para fazer um trabalho curativo prolongado, mental ou de outra natureza, é bom ter um conhecimento, tanto quanto possível, das leis interiores pertinentes. Se compreendemos os princípios gerais em operação é provável que permaneçamos mais humildes e sejamos mais impessoais. Os interessados fariam bem em estudar, e não apenas ler, algo da literatura recomendada que existe sobre este assunto[2]. Deveriam procurar distinguir os fatores sempre presentes e aqueles que diferem, nas seguintes práticas: cura magnética vital; sugestão e auto-sugestão; cura acidental, como a que surge de um bom choro num ombro solidário; e os complicados fenômenos envolvidos no trabalho público de grupo de curas, tais como os de locais de peregrinação ou as sessões de cura espíritas. É sempre a vida que cura, mas os mecanismos variam amplamente e podem ser pelo menos parcialmente compreendidos.

A causa-raiz da doença é uma constrição do fluxo de vida, quer seja por alimentação de má qualidade, fadiga, confusao de sentimentos, aflição ou emaranhamentos mentais. O esforço curativo pode ser dirigido a partir de qualquer destes níveis — estrutural, vital ou psicológico. Estamos ocupados aqui com cura mental ou espiritual apenas. Isto pode ser tentado na ausência ou na presença do paciente. Para alguém tornar-se completamente eficiente na cura mental são necessárias uma natural adequação para o trabalho e o treinamento; mas todos podem experimentar

---

2 *Psicology, Religion and Healing*, de L. Weatherhead; *New Light on Some Problems of Desease*, de G. Hodson; *This World and That*, de P. e L. Bendit: Capítulo X; *Healing Methods Old and New*, de A. Gardner. (N.A.)

curar de vez em quando e, com a prática, aumenta-se a fé e amplia-se a habilidade para auxiliar.

Felizmente o melhor treinamento para este trabalho é precisamente aquele necessário para o crescimento da consciência espiritual e sua expressão na vida diária e, como tal, foi esboçado neste estudo. O curador precisa relaxar e purificar todos os seus corpos pessoais para que ofereçam, assim, um canal aberto para o fluir da vida curativa. Poderá, além disso, oferecer-se para ser treinado para tal trabalho. Grande quantidade de trabalho de curas é certamente feito à noite, quando fora do corpo, mas por aqueles que se adequaram a isso enquanto ainda estavam em consciência de vigília, e não será perfeitamente bom, a menos que o treinamento tenha sido eficaz[3].

Um princípio básico da cura mental implica a indução de uma mudança de consciência do paciente através de: (a) uma forte convicção, por parte do curador, do poder que a vida tem de curar; e (b) a projeção desta vida liberada ao redor do paciente, até que ele também responda a ela e, consciente ou inconscientemente, deixe cair as barreiras que existem dentro de si mesmo. Tal processo corresponde muito intimamente ao fenômeno denominado indução na Física. Duas espirais de fio podem ser dispostas sem contato uma com a outra. Se uma corrente alternada é enviada através de uma espiral, e a outra é adequadamente arrumada em relação à primeira, pode-se induzir uma corrente na segunda e usá-la para mais algum trabalho de acordo com sua força. Quanto melhor for compreendido este exemplo, mais claro

---

3 *Auxiliares Invisíveis*, de C.W. Leadbeater, Ed. Pensamento, São Paulo. (N.A.)

se tornará o princípio. As espirais devem ser adequadamente arrumadas uma em relação à outra; a corrente deve ser de uma certa força para ter algum efeito; o resultado dependerá do ajuste da segunda espiral tanto quanto do da primeira. Mas o fato é que a energia pode ser transmitida de um aparato para outro, sem que os dois estejam em contato físico denso direto. Um exemplo esclarecerá a operação deste princípio na cura.

Um amigo ou paciente está sofrendo de depressão aguda. O curador coloca-se na atitude mental e corporal adequada ao seu trabalho. Sintoniza-se com a paz e a certeza do Eu. Vislumbra o paciente em estado de paz e, depois, repleto de luz da consciência superior. Do reservatório ilimitado da Vida que ambos compartilham, e ao qual ambos podem recorrer, ele banha o paciente com vitalidade, equilíbrio ou força, para suprir a sua necessidade.

Se o tratamento obtém êxito, o paciente sente uma sensação de paz brotando de dentro; seu fardo de pesar e autopiedade é, no momento, diminuído pela renovação do contato com a Fonte una de tudo. Ele está, pelo menos temporariamente, melhor. Um novo fluxo de energia foi *induzido* de dentro para fora e, se o paciente o absorve e o aproveita, continuará a melhorar em sua mente e, finalmente, auxiliará o corpo, se também estiver sofrendo. Se ele não está adequadamente afinado para reagir ao esforço do curador, nada acontece. Se ele mesmo não o utilizar, o efeito logo desaparece.

Um compartilhar de consciência de forma similar está acontecendo o tempo todo na natureza e entre os seres humanos. O estado de espírito é contagiante, as idéias flutuam por aí.

Algumas pessoas são de difícil convivência, outras são fáceis, na maioria das vezes em virtude do estado de espírito que suas presenças induzem; em outras, devido a qualquer coisa abertamente dita ou feita. O curador deve tornar-se um especialista em induzir estados de espírito que curem, atitudes que relaxem a tensão e, assim, restaurar o fluxo de vida até o nível do prana físico e dos fluidos digestivos.

O problema do diagnóstico correto é complicado. Muitos curadores mentais e espirituais não procuram especificar a mensagem de cura que eles enviam; deixam o diagnóstico de lado e, com grande fé, enviam amor, luz, vida, deixando que o paciente aproveite o que puder aproveitar. Não há dúvida de que tal atitude, se dedicada e sincera, atrai auxiliares nos mundos invisíveis, *dévicos* ou humanos, e que o pensamento concentrado evoca uma graça curativa essencial que é efetivamente aplicada por tais trabalhadores, de um modo geral, altamente qualificados nesta tarefa. Tudo isso é parte da vida evocativa mútua entre o homem e os reinos angélicos, bem como entre seres humanos. Os poderes latentes no homem são reais, e o poder de dirigir as influências do pensamento, de modo que elas auxiliem e curem, é um deles.

Contudo vale a pena estudar cuidadosamente as causas ocultas da doença, especialmente a ciência das correspondências[4]. Uma compreensão da relação entre ansiedade e problemas do coração, entre egoísmo e dor na coluna, e assim por diante, ou do fato de que certas atitudes psicológicas opostas podem produ-

---

4 *Some Unrecognized Factors in Medicine:* Capítulo V. (N.A.)

zir o mesmo resultado, tudo isso é esclarecedor e proveitoso ao se tratar de casos especiais. Com tal conhecimento adicional, o curador torna-se capaz de direcionar seu pensamento em certas ocasiões e, assim, pode encurtar o período de tratamento, se sua análise é correta. Quando em dúvida, a fórmula geral é a melhor para se usar. *Um tal diagnóstico, incluindo, como inevitavelmente o faz, um elemento de análise psicológica, não deve ser oferecido ou dado ao paciente a menos que ele peça.*

É, naturalmente, também esclarecedor estudar, dentro de si mesmo, a relação entre a verdadeira causa da doença e sua cura. Para tornar-se um genuíno curador é realmente necessária uma forte convicção pessoal no poder da vida espiritual de efetuar mudanças radicais nas condições materiais e psicológicas. Acrescente-se a isso uma verdadeira humildade em relação a si mesmo e um real amor pelos outros. Assim, a compreensão crescerá e, com ela, virá novamente um aumento no poder de auxiliar e curar

É uma boa regra tentar tal trabalho de cura ao final de nossa meditação pessoal, uma vez que os corpos estão dedicados, unificados e, portanto, abertos ao fluxo da Vida interior. Mantenha-os firmes e deixe que se encham com essa Vida e com paz. Diga, então, o nome daqueles que necessitam de auxílio, um de cada vez, detendo-se um momento em cada um deles, e sinta estar ela ou ele banhados na luz e na força curativas. Em casos especiais, ofereça alguma qualidade útil de acordo com a necessidade.

Muito embora no início possa levar algum tempo para visualizar cada pessoa e perceber a vida fluindo para ela, logo nos tornamos acostumados à técnica e podemos trabalhar rapidamente. Nem tampouco é necessário repetir a lista inteira todo dia. Dizer o nome do paciente uma vez por semana é suficiente, desde que durante o intervalo, sempre que a pessoa vier à nossa mente, ela seja mantida mentalmente na luz curativa.

Pode parecer uma técnica demasiado simples para ser eficaz, mas foi bem testada. Sua eficiência depende dos princípios gerais mencionados acima e de certas características do paciente e do curador. Este último necessita de fé ou convicção, além de completa sinceridade e impessoalidade. Há também a necessidade de paciência, porquanto, em alguns casos, a prática deve ser repetida por um longo período antes que o paciente pareça se beneficiar. Quanto menos sentimento pessoal estiver presente, melhor o trabalho. O fluxo de vida é simplesmente distorcido pela ânsia de ser útil ou pelo medo de fazer a coisa errada. A respeito do paciente, com a melhor das intenções e ansiando por ser curado, ele pode confundir de tal forma o seu relacionamento com o curador, ou com a própria vida, que pouco efeito é registrado. A cura também é tarefa do paciente. Às vezes o curador pode fazer algo para auxiliar, outras vezes muito pouco. Alguns casos têm que ser abandonados, embora em número muito menor do que se possa imaginar.

Casos mentais são peculiarmente resistentes, resultando freqüentemente de um afastamento de circunstâncias tão insuportáveis que não podem ser encaradas. Ao se pensar naqueles com dificuldades mentais é útil tentar tocar o nosso próprio centro espiritual e, naquele nível, fazer uma ponte para o Ego, ou centro espiritual, do paciente, instando-o a descer e tratar com sua personalidade confinada ou desordenada, exortando-o a continuar com seu trabalho. O Ego pode se retirar de uma personalidade totalmente insatisfatória e, por assim dizer, ir dormir no *devachan*[5]. Um tal apelo pode despertá-lo, mas deve-se continuar a colaborar e a suprir a personalidade com assistência.

Milagres de cura ocorrem quando alguma coisa acontece que abre o coração do paciente à vida mais ampla, ou que infunde um poder especial no curador. Uma crise, ou uma urgência vital, pode transformar em curadores pessoas muito comuns, bem como recuperar a saúde de um inválido crônico e fazê-lo voltar à atividade.

Operar tais milagres é habitualmente possível somente para aqueles que têm completa confiança no poder que flui através deles, não importa como seja ele chamado. É esta confiança que faz de muitos espíritas curadores magnéticos tão potentes. Eles sentem que seus "guias" estão no comando e simplesmente deixam seus próprios corpos abertos para serem usados, embora os melhores dentre eles trabalhem muito intuitivamente. Para o trabalho consciente necessita-se de uma igual dedicação, uma igual confiança, uma repetida abertura consciente de todo o ser para a vida curativa, mas estes requisitos estão vinculados ao pensamento e ao discernimento disciplinados no uso do poder curativo[6].

---

5 *Devachan* é um estado de assimilação do que quer que se tenha experimentado de bondade, verdade, beleza, sem referência a uma posterior expressão material dessa experiência. Ver *Morte ...e Depois?*, de Annie Besant: Seção sobre o *Devachan*, Ed. Pensamento, São Paulo. (N.A.)

6 O Coronel Olcott, primeiro Presidente da Sociedade Teosófica, foi um poderoso curador deste tipo por muitos anos. Veja *Old Diary Leaves*, de H.S. Olcott: Vol. II. (N.A.)

O melhor é não buscar demasiada evidência em relação a resultados. Que o curador estude seus fracassos. Há muito para ser aprendido com eles, embora de forma alguma eles sejam sempre falha sua[7].

Grupos de Cura

O trabalho em grupo para propósitos curativos é muito similar a qualquer outra meditação em grupo. Para obter os melhores resultados o grupo deveria ser usado apenas para este propósito, e os membros deveriam usar a meditação individual a cada dia, a fim de preparar suas mentes e sentimentos para o esforço comum. É excelente ter-se um igual número de homens e mulheres, mas isso não é essencial. O trabalho de grupo não deve ser feito por aqueles membros que estão doentes. Se uma pessoa quiser ser curada, poderá colocar o seu nome numa lista de curas ou comparecer a serviços de curas, mas não deverá sentar-se como um dos integrantes que realiza meditações para a cura de outros. Isso não necessita ser uma regra fixa, pois as doenças diferem, mas é um princípio geral sadio.

Em todas as formas de trabalho de curas em grupo ou semipúblico, os nomes e doenças daqueles que solicitam auxílio devem ser mencionados o menos possível e todos os assuntos referentes ao trabalho devem ser mantidos estritamente reservados. Existem, naturalmente, serviços de cura públicos em várias igrejas e ordens. Onde a imposição de mãos é usada, a cura tornase, em parte, cura magnética vital, bem como mental ou espiri-

7 Com relação ao *karma* e à cura, ver "Uma Nota sobre *Karma* e Saúde" no final de *Healing Methods: Old and News.* (N.A.)

tual, e o operador é então o sacerdote ou curador individual, muito embora ele possa ser auxiliado por assistentes regulares que vêm às reuniões para ajudar por intermédio da oração ou meditação, bem como por agentes invisíveis.

A prática de cura pelo pensamento grupal é, em essência, a mesma que a do trabalho em grupo para auxiliar o mundo. Aqueles que participam formam um recipiente ou reservatório por meio da ação conjunta de seus corpos físico (vital), emocional e mental. Estes últimos, estando purificados pela aspiração e dedicação ao serviço, são unidos pela atividade comum, e isso evoca do interior uma efusão momentânea, especial, de influências curativas, envolvendo a cooperação de uma classe de anjos curadores, uma ordem de *devas* de grande importância e poder. Em pensamento, através da menção das iniciais ou da pronúncia silenciosa, pelo líder, do nome daqueles que solicitaram auxílio, o paciente é ligado ao reservatório, banhado em sua vida e luz. Algumas vezes um anjo de cura especial vincula-se ao paciente e o assiste por um certo tempo. O trabalho interno é feito sem volição consciente da parte dos membros humanos do grupo. Os membros humanos separam-se e seguem seus caminhos, mas o grupo interno prossegue irradiando poder curativo, de acordo com o desenvolvimento do trabalho e de seus participantes. Os resultados dependem, como sempre, da dedicação e inteligência dos membros e da receptividade do paciente.

Ninguém deveria ter seu nome incluído em tais listas sem o seu consentimento. Os indivíduos podem oferecer auxílio a amigos sem pedir permissão, se este auxílio for prestado humilde e reservadamente, mas em geral considera-se melhor confinar o trabalho de grupo àqueles que estão dispostos a cooperar. Não se deve buscar ou desejar demasiadamente resultados. Se um paciente escreve para dizer que está melhor, muito bem; mas se ele está fisicamente pior, é possível que um trabalho valioso deva ser feito. A ajuda oferecida pode ser eficaz para auxiliar a assimilação de uma lição ou para ajustar os relacionamentos com os demais.

É um grande privilégio trabalhar num bem-conduzido grupo deste tipo, e os membros aprendem muito com a prática, tanto pessoalmente quanto em relação à cura em geral.

Um Exercício de Cura para Uso Pessoal

Necessita pelo menos dez minutos, mas não deve ser estendido para além de meia hora. O primeiro passo pode ser usado para induzir o sono.

Relaxe o corpo físico lentamente e de maneira tão completa quanto possível, particularmente os olhos, o interior da cabeça e a nuca. Sente-se na cadeira ou deite-se completamente no chão e conscientemente deixe que ele suporte todo o seu peso. Respire com os pulmões plenamente estendidos, uma ou duas vezes. Relaxe conscientemente as tensões vitais, nervosas (corpo etérico): libere-as na expiração e deixe que flutuem como longas plantas estendidas sobre a água.

Faça um esforço deliberado de recolhimento dos corpos físico e vital, deixando-os relaxados, à vontade. Não fique exaltado, mas sinta-se descansando no foco emocional da consciência. Sinta a sua tensão habitual, sua avidez, seu retraimento, ou o que quer que lá exista. Relaxe deliberadamente, assim como você fez com as tensões nervosas. Pense na luz do sol, no calor, na facilidade de contato com alguém que já assimilou tal estado de relaxamento. Sinta que a natureza emocional é calma, aberta, nutrida pela vida.

Retire sua consciência do foco emocional e torne-se cônscio de você mesmo como sendo pensamento. Novamente, relaxe a mente, sua atividade interior e seu rápido movimento de uma coisa para outra. Deixe que ela repouse em alguma ampla visão da natureza. Firme a mente e deixe que ela permaneça calma, como a água num lago não agitado, aberto à luz do sol.

Retire-se ainda mais para o centro tranqüilo do verdadeiro Eu. EU SOU ... calmo, sereno, pacífico ... uno com todos os outros. Sinta a unidade do Eu por detrás das aparências. Ofereça sua vida ao serviço de todos ... ao serviço do seu mais elevado Ideal ou Instrutor. Aproxime-se da vida deste Ideal, permita que ela preencha o seu ser.

Emita a paz que você encontrou para todos à sua volta.

Retorne em pensamento à sua mente, mantendo-a calma e ampliada. Retorne à sua natureza emocional, sentindo-a suavizada e forte. Retorne à estrutura física. Faça duas ou três respirações profundas e deixe que a energia limpe o corpo à medida que você inspira e expira. Estique os ombros e ajuste o corpo à atividade antes de levantar.

Quando a forma tiver se tornado familiar poderão ser feitas variações, dentro da estrutura geral dos estágios indicados.

Pontos para Reflexão

1) Considere o fenômeno descrito como indução e sua relação com a cura mental e espiritual.
2) Considere a diferença entre cura magnética e cura mental. É possível distingui-las claramente da cura espiritual?
3) Como influenciamos nossos semelhantes inconscientemente?
4) Por que é útil estudar nossas falhas, tanto no trabalho de curas como em geral?

Livros para Estudo

Veja a lista do Capítulo VII e aqueles mencionados nas notas.

Capítulo IX

MEDITAÇÕES SUGESTÕES PARA USO

Durante a preparação deste livro foi coletada e apreciada uma grande quantidade de material útil que não foi incluída no texto. Boa parte desse material foi agora agrupado neste capítulo porque pode ser valioso para os estudantes ou adequado para o uso grupal em lojas, fins-de-semana de estudo e assim por diante.

Os exercícios adicionais de concentração são auto-explicativos.

As diretrizes para meditação em grupo foram todas utilizadas, algumas delas muitas vezes em vários grupos e lugares, pela autora ou pela pessoa cujo nome foi indicado. Ao empregar uma dessas formas bem definidas, desenvolvidas por outro estudante, o líder ou leitor necessita sentir profundamente o material, conforme disposto, antes de tentar usá-lo em grupo. O significado da seqüência como um todo deve ser ponderado, as próprias palavras consideradas, de forma que o líder do grupo torne-as suas.

A leitura deveria ser impessoal, em voz calma, natural, sem ênfase indevida e com pausas amplas. Isto deixa os ouvintes livres para fazer suas próprias interpretações e lhes dá o tempo necessário para tanto.

Em um grupo novo, ou na presença de estranhos, uma breve leitura pode preceder a meditação dirigida. Uma lista de leituras indicadas é acrescentada ao final. Num grupo coeso, a instrução usual para relaxar e sentar-se comodamente é tudo de que se necessita para a preparação, seguida por uns poucos minutos de silêncio.

Formas Simples de Concentração para Uso Pessoal

1) Selecione uma pessoa de quem você gosta e tente visualizá-la com precisão. Quanto do rosto você pode ver, e de um fato característico ou da postura da cabeça? Mantenha sua mente envolvida em olhar para uma pessoa mentalmente por três a quatro minutos, se possível. Se conveniente, olhe para a pessoa real entre os exercícios, a fim de refrescar a memória visual.

   Acrescente à imagem a sensação da presença pessoal; qual é a característica, para a sua percepção, que ela traz consigo ao entrar numa sala? O que o seu aperto de mão transmite? Escolha uma pessoa de cada vez e mantenha esta mesma pessoa repetidamente por uma semana. Depois mude, se for mais interessante ter outra pessoa.

2) Concentre-se em alguma fragrância que você possa usar num primeiro momento como um experiência física, digamos, água de lavanda ou incenso. Mantenha a mente atenta ao cheiro e analise o seu efeito sobre você, usando as palavras mais simples possíveis. Cheire a fragrância várias vezes e mantenha a atenção nas impressões sensoriais evocadas. Varie a fragrância se preferir, mas mantenha o mesmo exercício por uma semana.

3) Use a mesma concentração para o sentido do tato. Tome um material com uma superfície característica, como linho ou veludo, e permita que toda a consciência torne-se focada na ponta dos dedos, à medida que você os passa várias vezes ao longo da superfície. Tente afastar-se das complicadas idéias interligadas que tentarão se impor e concentre-se na reação corporal dos sentidos.

Estes exercícios visam estabelecer o controle sobre a atenção e pôr em ação a vontade como diretora da atenção e da concentração mental. O resultado, na forma desta ou daquela intensidade de experiência, interessante ou desagradável, é de pouca importância, embora possa ser informativo ou até mesmo divertido.

Ernest Wood, em seu livro *Concentration, an Approach to Meditation,* sugere um bom exercício para o controle voluntário da audição, mas é algo avançado para um principiante. O paladar pode ser estudado da mesma forma, mas as preparações necessárias são difíceis de serem feitas.

Um Ato de Consagração para Uso Pessoal ou Grupal

Depois do relaxamento preliminar:

Consagremos todas as nossas ações ao serviço do Mestre. *Pausa.* Pensemos naquelas coisas que nos aborrecem, que nos irritam, e as dediquemos como um ato de serviço. *Pausa.* Pensemos naquelas tarefas nas quais nos regozijamos e nos abstraímos, e as dediquemos para que possamos lembrar do Mestre tanto na alegria quanto na tristeza. *Pausa.* Determinemo-nos a lembrar esta dedicação durante todo o dia, em nossa fala, gestos e conduta habituais. *Pausa mais longa.*

Que as emoções sejam repletas de completa devoção ao Mestre (ou ao Cristo). *Pausas usuais depois de cada sentença.* Que elas sejam "arejadas" de forma que todo o sentimento seja limpo e novo à medida que é oferecido a Ele ... Esqueça todo o ressentimento, por mais leve que seja; todo o sentimento de pressão e esforço ... Deixe que os sentimentos se abram a Ele facilmente, exalando perfume, como uma flor selvagem. *Pausa mais longa.*

Agora firme as emoções por meio da mente dedicada ... Abra-a calmamente, deliberadamente (em direção à mente do Mestre) ... O pensamento deve ser inofensivo, sereno, amável sempre que possível, baseado em princípios amplos ... e flexível. *Pausa mais longa.*

Esteja calmo, como se estivesse na presença do Mestre. Deixe que sua vida passe através de você; ... ofereça a Ele todas as coisas ...

Esta meditação constitui-se numa boa preparação para se enviar pensamentos de cura a outros.

Dedicação dos Sentidos para Uso Pessoal ou Grupal

Depois de um relaxamento preliminar diga calmamente, com pausas adequadas:

O Eu em mim está ativo em meu corpo: ele governa os sentidos.

Eu dedico meus sentidos ao Eu, como um sacrifício vivo.

Olfato: o mundo físico

Penso no começo da manhã e no perfume das flores, no cheiro do alimento e no aroma delicado.

Inspirando e expirando, eu sinto os odores do mundo, notando os agradáveis e os desagradáveis.

Ofereço este sentido ao Eu.

Paladar: emoções

O sentido do paladar distingue o saudável do venenoso.

Quente, frio, amargo, doce, ácido, picante; o paladar discerne-os todos.

Ofereço o sentido do paladar ao Eu.

Visão: o mundo mental

O olho abre-se e fecha-se, o foco expande-se e contrai-se.

O olho vê e registra.

Que o Eu dirija a minha visão; que o Eu governe minha mente!

Tato: buddhi

O sentido do tato está em toda a parte: no corpo, nas mãos, na pele.

Áspero e liso, curvo e plano, duro e macio, o tato conhece-os todos.

Ofereço meu sentido de tato ao Eu. Que eu possa tocar a todos e ser uno com todos!

Audição: a vontade

O ouvido escuta todo som; por meio dele discernimos o significado do som.

Alto e baixo, suave e estridente, desarmônico e melódico — o Eu em mim ouve tudo.

Quando escutar os sons do mundo — que eu possa ouvir a Voz do Eu!

Ofereço todos os meus sentidos ao Eu.

Não é necessário seguir uma ordem, porém uma pausa deve ser feita por um certo tempo.

Meditação em Grupo

Depois dos preliminares usuais diga, fazendo uma pausa entre as frases:

Sou a fragrância da terra.

O Eu é Uno.

Sou a delicadeza das águas.

O Eu é Uno.

Sou o fogo da mente.

O Eu é Uno.

Sou a alegria de todo o toque.

O Eu é Uno.

Sou a harmonia de todo o som.

O Eu é Uno.

Sou amor, sabedoria e vontade.

O Eu é Uno.

Assim como no Mestre estas glórias brilham em eterna beleza para abençoar os mundos;
Assim também possam elas brilhar em nós para servir e para confortar.

Josephine Ransom

MEDITAÇÃO EM GRUPO SOBRE O AMOR

Realização

Percebamos o amor, em sua expressão física, como beleza. *Pausa.*
Percebamos o amor, emocionalmente, como calor. *Pausa.*
O amor é expresso, mentalmente, como simpatia. *Pausa.*
A qualidade *búdica* do amor é compreensão. *Pausa.*
O amor é o Eu, *Ātman*; é Unidade. *Pausa.*
O amor é radiação espiritual.

Seqüência

Por meio do Eu expresso amor como consciência. *Pausa.*
Por meio de *buddhi* expresso amor como amabilidade. *Pausa.*
Por meio da mente o amor brilha como visão interior. *Pausa.*
Por meio das emoções o amor irradia como ternura. *Pausa.*
Por meio do corpo o amor é expresso na beleza. *Pausa.*

Josephine Ransom

MEDITAÇÃO SOBRE A VIDA UNA COMO LUZ COM BASE EM FRASES HERMÉTICAS

a) *Busque a luz*

"A luz está oculta em toda a parte; está em cada rocha e em cada pedra. A Luz está mais próxima do que tudo o mais dentro do próprio coração de um homem. Tudo provém da Luz e para a Luz tudo retornará[1]".

Busque a Luz. *Pausa.*

(b) Siga a Luz

"Siga a Luz, você refletirá sua radiação[2]".

"Os raios do sol brilham sobre todos da mesma forma; aquele que quiser sentir o seu calor sobre sua pele deve abandonar sua caverna fechada e buscar o ar livre. Aquele que quiser experimentar a Compaixão Divina em sua alma deve deixar a caverna do eu e buscar o ser mais amplo. Deve esforçar-se para cima, para fora de seu eu, quebrando as barreiras até que as correntes que conduzem para casa sejam sentidas e encham-no de entusiasmo[3]".

Siga a Luz. *Pausa.*

(c) *Sou a Luz*

"No meio do nosso ser está o Senhor do passado e do futuro. O Eu interno está sempre sediado no coração do homem. Que um homem evoque este Eu de seu corpo com firmeza. Que ele conheça este Eu como o Brilhante, como o Imortal, sim, como o Brilhante, como o Imortal[4]".

Sou a Luz. *Pausa.*

(d) *Que Brilhe a Luz*

"Haveis de sair com alegria e em paz sereis reconduzidos. Põe-te em pé, resplandece, porque a tua luz é chegada, a glória do Senhor raia sobre ti[5]".

---

1 *O Homem: Donde e Como Veio e Para Onde Vai?*, C. W. Leadbeater, Ed. Pensamento, São Paulo. (N.A.)

2 *Tao Te King*. (N.A.)

3 *The Yoga of Bhagavad Gītā*, página 93, Shri Krishna Prem. (N.A.)

4 *Os Upanishads*. (N.A.)

5 *Isaías* 55, 12; 60,1 (N.A.)

"O esplendor de todo o mundo será teu, e toda a escuridão fugirá de ti[6]".

Que Brilhe a Luz. *Pausa.* Dispersar.

Corona Trew

MEDITAÇÃO SOBRE A VIDA INTERNA COM BASE EM LEITURAS DO '*TAO TE KING*'

(Tradução de Myers)

"Para ter a Vida Interna nós a adentramos pela nossa própria entrada reservada. Fazemos isso a fim de conhecer em plenitude transbordante a posse da atividade da Vida Interna".

A Vida Interna encontra-se no interior — abramos o portal para esta Vida e entremos. Pausa.

"Se você tem uma abundância sempre crescente de *Te* (sabedoria)

Então sua Vida Interna é inconquistável.

Se sua Vida Interna é inconquistável

Então seus limites não podem ser conhecidos.

O possuidor do *Tao* (a Senda), o Caminho,

Terá vida duradoura e visão infinita".

A Vida Interna é inconquistável, ilimitável, duradoura e infinita. Pausa.

"O coração do homem Autocontrolado está sempre no Reino Interno,

---

6 *The Emerald Tablet of Hermes.* (N.A.)

Ele atrai os corações de todos os homens para o seu coração".

Habitando na Vida Interna, nós somos unos com tudo. Pausa.

Finalmente, voltando-se em direção ao nosso mundo diário:

"Seja ativo com a atividade da Vida Interna;

Sirva com o serviço da Vida Interna;

Seja fragrante com a fragrância da Vida Interna

Seu repouso é facilmente mantido". *Pausa.* Dispersar

Corona Trew

MEDITAÇÃO SOBRE A PAZ PARA USO EM GRUPOS

a) Deixem que os corpos fiquem relaxados e calmos *(como no exercício do Capítulo VII).*

b) Permaneçamos calmos e harmonizados enquanto oferecemos este grupo como um canal para que as forças da paz e da boa vontade fluam por todo o mundo...

c) Sintamos estar na presença do Senhor da Vida e do Amor.
Que Sua bênção descanse sobre nós...
Que Sua paz brilhe através de nós para toda a humanidade ...
Que Sua paz e Sua bênção derramem-se através de nós para todos aqueles que exercem a autoridade, para que possam ser sábios e iluminados.
Que Seu amor flua para todos os reinos da natureza...
Para todos aqueles que sofrem iniqüidade...
Para todos os que padecem de dor...

d) Que nossas mentes sejam irradiadas com Sua sabedoria...
Que nossos corações estejam repletos do Seu amor...
Nossos corpos com força e serenidade...

Respiremos calmamente e retomemos o movimento normal como antes.

UMA BREVE LISTA DE LEITURAS ADEQUADAS PARA INTRODUZIR A MEDITAÇÃO EM GRUPO

Edward Carpenter, *Towards Democracy*, vários extratos, especialmente "O Lago da Beleza", "Desapego" etc.

Rabindranath Tagore, *Gitanjali.*

Bhagavad Gītā

II, 47-53; 70-72; IV, 7-11; 16-23, VI, 20-23; 24-28; 29-32; IX, 26-28; XII, 13-19; 26-31; XVIII, 45-49; 54-58.

Lao Tsé, *Tao Te King*. A tradução de Isabella Mears é útil para este fim, embora outras traduções sejam às vezes mais vigorosas. As seleções indicadas, sozinhas ou em combinação, são boas introduções para a meditação em grupo, ou tomadas muito lentamente, cada uma pode formar a base de um tal exercício.

I; II; III; X; XI; XXIX, v.i, com XXXVII, v.i e XXXIV; XLV; XLVI, último verso com XLVII; XLIX; LVI com LVII, v.i; LX, v.i com LXI, v.i, iii, v; LXIII; LXXIX.

Alcione, *Aos Pés do Mestre*, muitas passagens adequadas.

Também outros livros recomendados na lista de leitura do Capítulo I para estudo geral. As passagens escolhidas devem sempre ser breves, com uma forte qualidade de vida.

CONCLUSÃO

A meditação é um estudo para a vida inteira, e a diretriz aqui fornecida é apenas uma introdução à prática. Nenhuma rotina poderia possivelmente adequar-se a todos os temperamentos. Cada um deve descobrir seu próprio *yoga*, seu caminho de integração, sua senda para a união com o Uno. A mera repetição de um exercício diário somente é útil no começo, para estabelecer um hábito tranqüilo da mente. Depois que o Eu se acostumou um pouco a assumir o controle dos corpos, a rotina precisa ser variada e deverão ser feitas experiências. Apenas o propósito deve permanecer inflexível: estabelecer uma percepção mais profunda da natureza do Eu e confirmar sua influência diretiva sobre toda a experiência da vida encarnada.

A meditação pode ser de grande valor prático, uma vez que ela pode treinar a personalidade a ser mais compreensiva, amável e útil nos assuntos diários. Ela também pode, como foi mostrado, treinar a mente de forma que possa ser utilizada diretamente para auxiliar outros.

No caso de alguns estudantes, quando a mente torna-se esclarecida, as emoções acalmadas, o corpo relaxado à vontade, o espírito pode, então, tentar a exploração de vastos e novos campos de conhecimento e experiência. Para isso é necessária uma orientação hábil ou, no mínimo, o companheirismo de pessoas semelhantes. Tal ajuda virá quando o aspirante estiver pronto para o seu trabalho.

Formas avançadas de meditação, entretanto, são para poucos nos dias de hoje. Para a maioria, os estágios iniciais existem para produzir a libertação do atordoamento e da insegurança. O véu que isola a natureza pessoal do Eu se torna gradualmente mais fino, o estudante percebe um novo significado nas coisas antigas, novos relacionamentos com os demais trazem tranqüilidade onde havia confusão, força, onde havia fraqueza e dúvida.

Surpreendentemente, descobre-se que a terra prometida não está mais distante, no Jordão, mas aqui e agora, ao nosso alcance. Francis Thompson expressou esta idéia num poema encontrado entre seus papéis, após sua morte:

> "Ó mundo invisível, nós te vislumbramos,
> Ó mundo intangível, nós te tocamos...
> Não onde a estrada escurece,
> E nossa imaginação, paralisada, paira!
> O ruflar das asas, se apenas escutássemos,
> Bate em nossas próprias portas
> cobertas de barro".